「日経平均10万円」時代が来る！

藤野英人
ひふみシリーズ最高投資責任者

日本経済新聞出版

はじめに

「日経平均10万円」。強気に見えるタイトルだと思いますが、そんな本書を手に取ってくださったあなたは、日本の未来をどんなふうにイメージしているでしょうか？

「少子高齢化がどんどん進んでいるし、最近は物価が上がってきて不安だし、明るい未来を思い描くのは難しい」「そもそも30年もの間、バブルのピークの株価も超えられていないのだから、日本株にはあまり期待できないのではないか」

こんなふうに考えている方からすると、この本は「眉に唾をつけて読もう」という感じかもしれません。

一方で、２０２３年は日本株がずいぶん上昇しましたから、「新ＮＩＳＡも始まったし、投資に挑戦してみようか」「でも、ここまで相場が上がったところで投資を始めるのはタイミングが悪いかもしれない」などと逡巡《しゅんじゅん》している方もいるでしょう。

本書のタイトルを見て、「日経平均が10万円になるなら、今から投資を始めるのはチャンスかも？」と半信半疑で手に取ったという人もいるかもしれません。

ここで皆さんにはっきりとお伝えしたいのは、**今の日本と世界の状況をさまざまな角度から深く分析**した結果として、私が**本気で「日経平均10万円時代」が来ると確信**しているということです。

私はファンドマネージャーとして**33年にわたり日本株を中心に運用**を行ってきました。２００３年に創業した運用会社レオス・キャピタルワークスは、**運用資産残高1兆円**を超え、投資信託「ひふみ」シリーズはのべ１２６万人以上のお客様に保有していただくまでに成長しています。

この間、私は日本の株式市場と対峙し続け、バブル崩壊からのデフレ経済への転換、リーマン・ショック、東日本大震災、コロナ禍などの中で多くの相場を経験しました。また、大きく伸びていく新興企業も、一時は栄華を誇りながら淘汰されていった会社も、数多く見てきました。

その知見を総動員し、今、**日本が30年ぶりのインフレ経済に突入**しつつあるという状況、そして足元で起きている**テクノロジーの急速な進化や地政学的な問題**なども考え合わせたとき、「日経平均10万円」は必然だという結論に達したのです。

今、日本は大きな転換点に立っていると私は考えています。

詳しくは本編で追ってご説明していきますが、**「日経平均10万円」はけっしてバラ色の世界というわけではありません。**転換点の向こうで私たち一人ひとりがどのような選択をするかによって、未来は明るくもなれば厳しいものにもなりうるでしょう。

そのような未来が見えているからこそ、今回、

- **私たちを取り巻く経済環境がどのように変化しつつあるのか**
- **なぜ日経平均が10万円になると言えるのか**
- **その前提のもと、私たちがどのように動くべきなのか**

を多くの人にお伝えしたいと思い、本書の執筆を決めました。

今は日本の未来に明るいイメージを持てていないという方、日本株にこれから投資していいのか迷っている方、新ＮＩＳＡスタートにあたって投資を始めるべきかどうか考えている方など、幅広い方にぜひ本書をお読みいただければと思っています。

読み終えていただく頃には、きっと、明るい日本の未来をつくる企業群の存在にワクワクし、ご自身の未来を明るいものにするためにどのような行動が必要なのかがわかり、投資に対してポジティブな気持ちを持っていただけるのではないかと思います。

もちろんこれまで株式投資に取り組んできた方にとっても、**投資のあり方が根本的な変化を迫られる**中、**今後の投資方針を考える上で参考**にしていただけるはずです。

本書が、あなたが未来を選択する際の一助になることを願っています。

２０２３年12月

藤野英人

「日経平均10万円」時代が来る！

目次

2 「眠くて退屈」だった日本の〝大企業〟が変わり始めた

第2章　「日経平均」は10年後に10万円を超えている

1　バブル期の異常値を除けば、日本株は「右肩上がり」だった

2　デフレからインフレへ。転換の背景

第3章 生成AIの本格普及が「運用のあり方」を変える

1 新NISA始動で問われる「アクティブファンド」の意義

2 「ウェルビーイング」から投資を考える

装幀◎小口翔平＋神田つぐみ(tobufune)
本文設計＋DTP◎ホリウチミホ(nixinc)
校正◎内田翔

第1章

海外投資家が日本株を買っている理由

1

「伊藤レポート」がもたらした漢方薬のような効果

◎2023年に起きた日本株上昇の背景

2023年、日本の株式市場は堅調に推移しました。株式市場を牽引したのは、海外投資家です。「オマハの賢人」として知られる著名投資家の**ウォーレン・バフェット氏が来日し、日本を代表する商社株群を買い増すと発表**したことがきっかけとなり、日本株は大型株や割安株を中心に大きく上昇。11月にはバブル崩壊後の最高値を更新し、終値で3万3817円をつけました（「オマハ」とはバフェット氏の出身地であり今も生活を送る米国ネブラスカ州の地名に由来しています）。

皆さんの中には、このような動きを「どうせ一時的なものだろう」と考えている人もいるでしょう。これまで私たちは「失われた30年」とも呼ばれる時代を過ごし、この間、日経平均株価は１９８９年のバブル期につけた「３万８９１５円」という最高値を超えることができませんでした。「少子高齢化が進む日本では長期的な成長は期待できない」といったネガティブな見方は根強く、明るい未来を思い描けなくなっている人も多いのではないかと思います。

しかし私は、**今の日本株市場の動きの背景に日本企業の本質的な変化がある**と考えています。海外投資家による日本株への注目は一時的なものではなく、**長期的に見れば今後の日本株市場は右肩上がりに上昇する**と見ているのです。

◎日本企業が本質的に変わり始めた理由

日本企業の本質的な変化のきっかけは、２０１４年にさかのぼります。

２０１４年２月に金融庁が「『責任ある機関投資家』の諸原則《日本版スチュワードシップ・コード》～投資と対話を通じて企業の持続的成長を促すために～」を、同年８月には経済産業省が「伊藤レポート（「『持続的成長への競争力とインセンティブ～企業と投資家の望ましい関係構築～』プロジェクト」最終報告書）」を発表し、さらに２０１５年５月には東京証券取引所が「コーポレートガバナンス・コード」を発表しました。

当時の私は、**「伊藤レポート」「スチュワードシップ・コード」「コーポレートガバナンス・コード」**を「新・3本の矢」と名付け、これら**「新・3本の矢」が上場企業と株式市場に本格的な改革を起こし始めている**と考えていました。２０１５年には『日本株は、バブルではない　投資家が知っておくべき「伊藤レポート」の衝撃』（ダイヤモンド社）を上梓し、その本の中で、今後の日本株市場の本質的変化について予測を述べていたのです。

ちなみに発売当時、この本の帯には「『日経平均が2万円を超えても買えますか?』そんな疑問が解決!」というキャッチコピーが載せられていました。改めてこのコピーを見ると、当時の私の目論見どおりに日本の株式市場が着実に上昇してきたこと、その間に起きたことなどが思い起こされます。

◎「伊藤レポート」の重要な提言

私が「今後も日本株市場は長期的には右肩上がりに上昇する」と考える理由を知っていただくために、上場企業と株式市場にどのような変化が起きてきたのか、ここ8年ほどの動きと今、足元で何が起きようとしているのかを確認しておきましょう。

ご存じの方も多いと思いますが、「伊藤レポート」の多岐にわたる指摘や提言の中でも特に重要だったのは、**「ＲＯＥ（自己資本利益率）の目標水準8％」を宣言**したことです。

ＲＯＥは「純利益÷自己資本」で計算できる指標で、「その会社が、株主から預かった資本からどのくらい効率よく純利益を生み出しているか」を表します。

「伊藤レポート」では、**企業の収益性を見るためのもっとも重要な指標**としてＲＯＥを取り上げ、「グローバルな投資家との対話では、８％を上回るＲＯＥを最低ラインとし、より高い水準を目指すべき」であるとして明確に水準を示したのです。

ＲＯＥの目標が８％以上とされるのには、もちろん理由があります。

投資家が企業に対して資本を提供する際は、ただお金を差し出しているわけではなく、もちろん相応のリターンを期待します。これを企業側から見れば、「提供してもらう資本にはリターンを提供する必要があり、それがコストになる」ということです。このコストは一般に「資本コスト」と呼ばれます。

世界の投資家の間では「資本コストは平均して7％程度」という目安があり、さまざまなデータから、「ＲＯＥがそれを上回る８％あれば、多くの投資家が納得できる」と考えられているのです。

◎ＲＯＥとＰＢＲの関係

せっかくなので、最近話題になっている**「ＰＢＲ（株価純資産倍率）」**とＲＯＥの関係について、ここで少し説明しておきましょう。

企業が持つ資産から負債を差し引くと、純粋なその企業の資産といえる額がどれくらいなのかがわかります。これを「純資産」といいます。純資産を発行済み株式数で割ると、１株あたりの純資産がわかります。

ＰＢＲというのは**「株価÷１株あたりの純資産」**で計算する投資指標です。投資家の間では、古くからごくベーシックな指標として使われています。

わかりやすい例で計算してみましょう。もし株価が１０００円で１株あたりの純資産が２０００円だったら、ＰＢＲは「１０００÷２０００＝０．５倍」です。株価が４０００円で１株あたりの純資産が２０００円だったら、ＰＢＲは「４０００÷２０００＝２倍」となります。

最近になってＰＢＲがメディアでよく話題になっているのは、**東京証券取引所が「ＰＢＲ１倍割れ」の上場企業に対し、改善策を開示して実行するように要請**したからです。

「ＰＢＲ１倍割れ」の上場企業が多いという状態は、**長らく日本の株式市場の課題**とされてきました。

純資産というのは、「会社が解散して資産をすべて処分した場合に残る価値」であると考えることができます。

もし株価が１０００円で、１株あたりの純資産が２０００円の会社があるとすると、これは「解散すると１株あたり２０００円の価値がある企業なのに、株価は１０００円」という状態なのです。そのような「株価が安すぎる」会社は、上場をやめて会社を解散し、株主たちで資産を分け合ったほうがいいということになってしまいます。

興味深いことに、ＲＯＥを横軸に、ＰＢＲを縦軸にとって上場企業の株価をマッピングすると、**ROEが8%を超えたところから「ROEが高いとPBRも高い」という相関関係**が現れることが知られています。そしてこのグラフからは、ＲＯＥが８％未満だとＰＢＲは１倍を下回る可能性が高いことも見て取れます（図１－１）。

つまり、**ROEが8%を上回る経営をし、さらにROEを高めていかなければ、株価は上がらない**ということなのです。

図 1-1　伊藤レポートのROE8%の意味
実績PBRと今期ROEの相関関係

ROE8%の水準を超えるとROEとPBRが正の相関関係を持つ
つまりROE8%であれば資本コストを上回り、かつ
企業価値を創造していると市場は考える

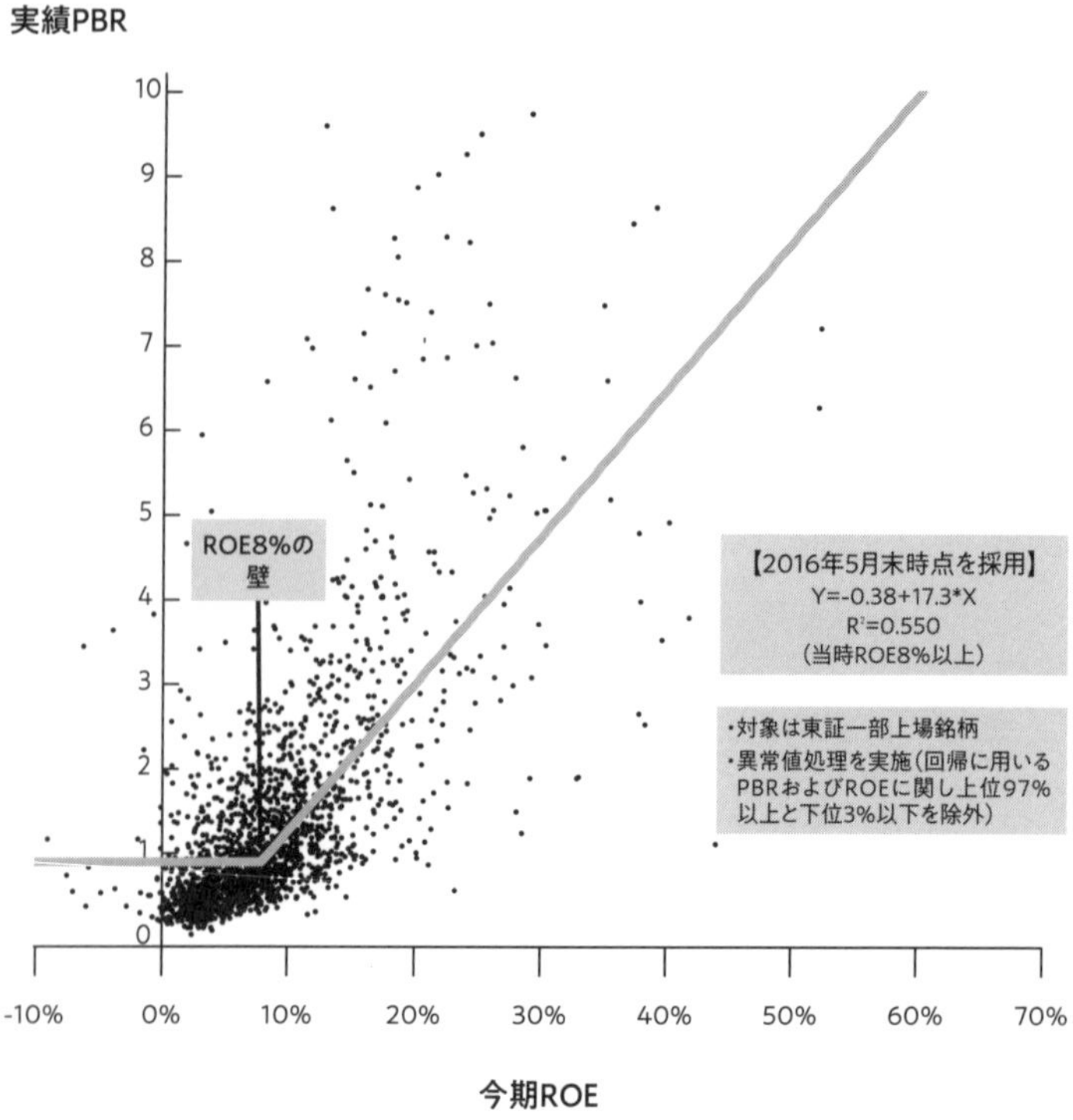

◎経産省と金融庁と東証。三者の取り組みが結実

繰り返しになりますが、「伊藤レポート」がＲＯＥの目標水準を最低でも８％と明確に示したことの意味は非常に大きかったと言えます。しかし日本企業の変革には、経産省の「伊藤レポート」のみではおそらくまったく足りなかったでしょう。

資本市場に大きな影響を及ぼす**機関投資家に対しては、金融庁から「スチュワードシップ・コード」**が示され、投資先企業の経営のモニタリングや議決権行使の方針と行使結果の公表などが求められるようになりました。これはわかりやすくいえば、「**投資先企業の経営に問題があるのに、意義も唱えずに知らん顔しているのはおかしい**ですよ」「資金を預かって運用する受託者として、責任を持って企業経営に関与してくださいね」ということです。

この効果は非常に大きく、現在では私たちレオス・キャピタルワークスももちろんのこと、機関投資家はスチュワードシップ・コードを強く意識しながら受託者責任を果たすことがごく当たり前になっていると言えます。

さらに**東証から上場企業に対して「コーポレートガバナンス・コード」**が示されたことにより、上場企業は、収益力や資本効率などについて目標を提示することや独立社外取締

役を少なくとも2名以上選任することなど、具体的な行動の改善に取り組むようになっていったのです。

◎米国で投資家が見ているのは「無形資産」

その後も、持続的な企業価値向上に向けた動きは続いています。2017年には経産省から「伊藤レポート2・0　持続的成長に向けた長期投資（ESG・無形資産投資）研究会 報告書」が発表されました。

報告書のタイトルにある**「無形資産投資」は、私たちが企業に投資をしていく上で非常に重要なポイント**になっています。少し詳しく見ておきましょう。

企業の価値というのは、大きく「財務価値（見える資産）」と「非財務価値（見えない資産）」に分けて考えることができます。**「見える資産」は、会社の建物や製造設備などの物的資産、会社が保有する金融資産**などのことです。一方、**「見えない資産」とは、組織や顧客、人材、技術**などを指します（図1－2）。

株価がPBR1倍を超えている場合、解散価値とほぼ同じ意味を持つ「見える資産」を上回って株が買われているわけですから、投資家が財務価値でははかれない「見えない資

図 1-2　企業価値は財務価値と非財務価値の2つで構成される

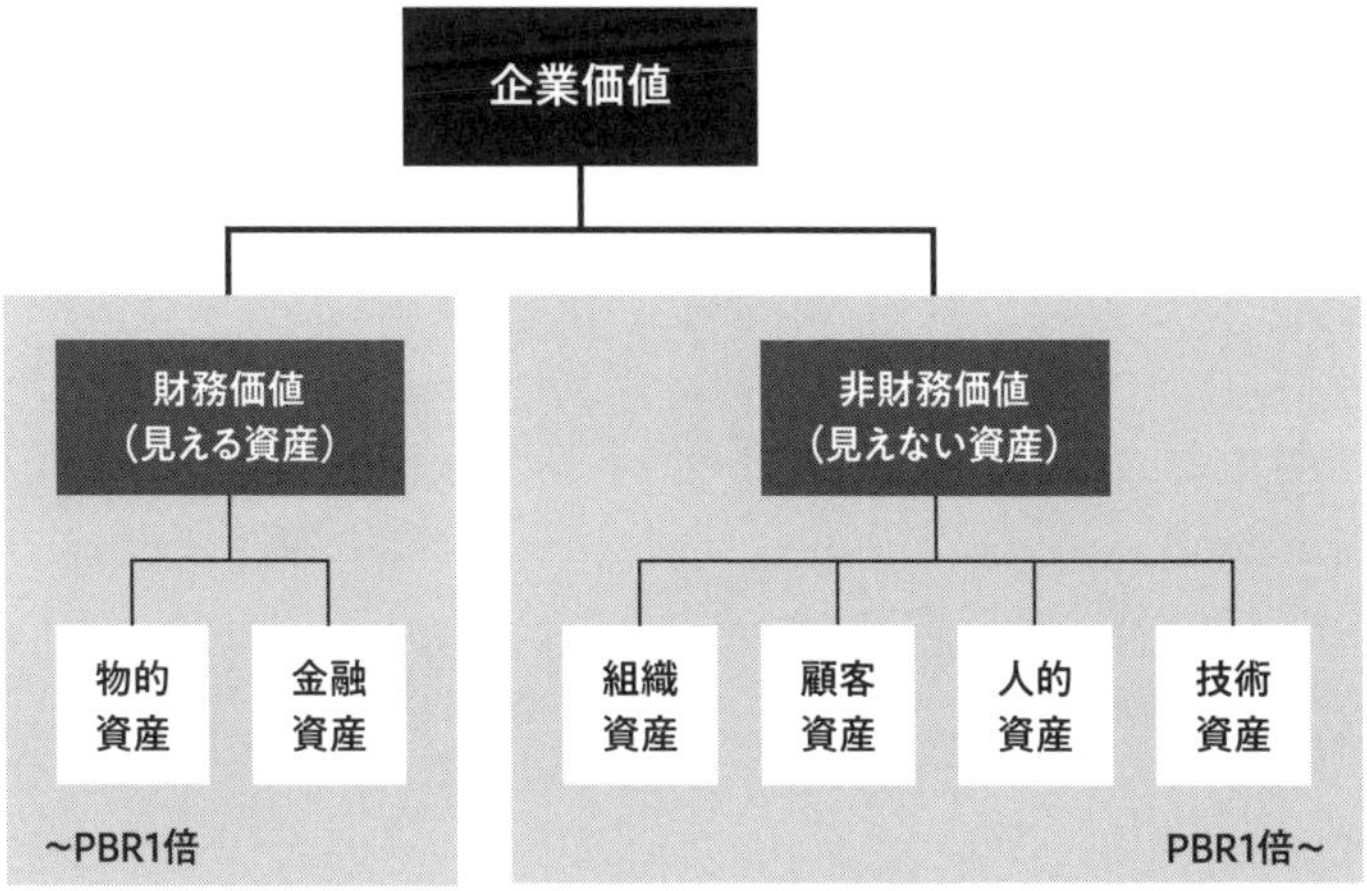

産」を評価しているということができるでしょう。

たとえば根強いファンを持つ企業や、優れた人材を多く抱える企業、他社にない技術を持つ企業、組織力に秀でた企業などは、投資家から「見える資産」以上の評価を得て高い株価がつくと考えられるわけです。

実際のデータを見てみましょう。

図１－３は、日本、英国、米国の株価指数についてＰＢＲの推移を示したグラフです。**ＰＢＲ１倍までは株価が「見える資産」を反映し、１倍を超えた部分は「見えない資産」を反映**していることになりますが、近年の米国ではＰＢＲが２倍を超えて３～４倍程度まで右肩上がりに上昇

図 1-3　日本企業は「見えない資産」を企業価値に反映できていない

各国株価指数のPBR推移

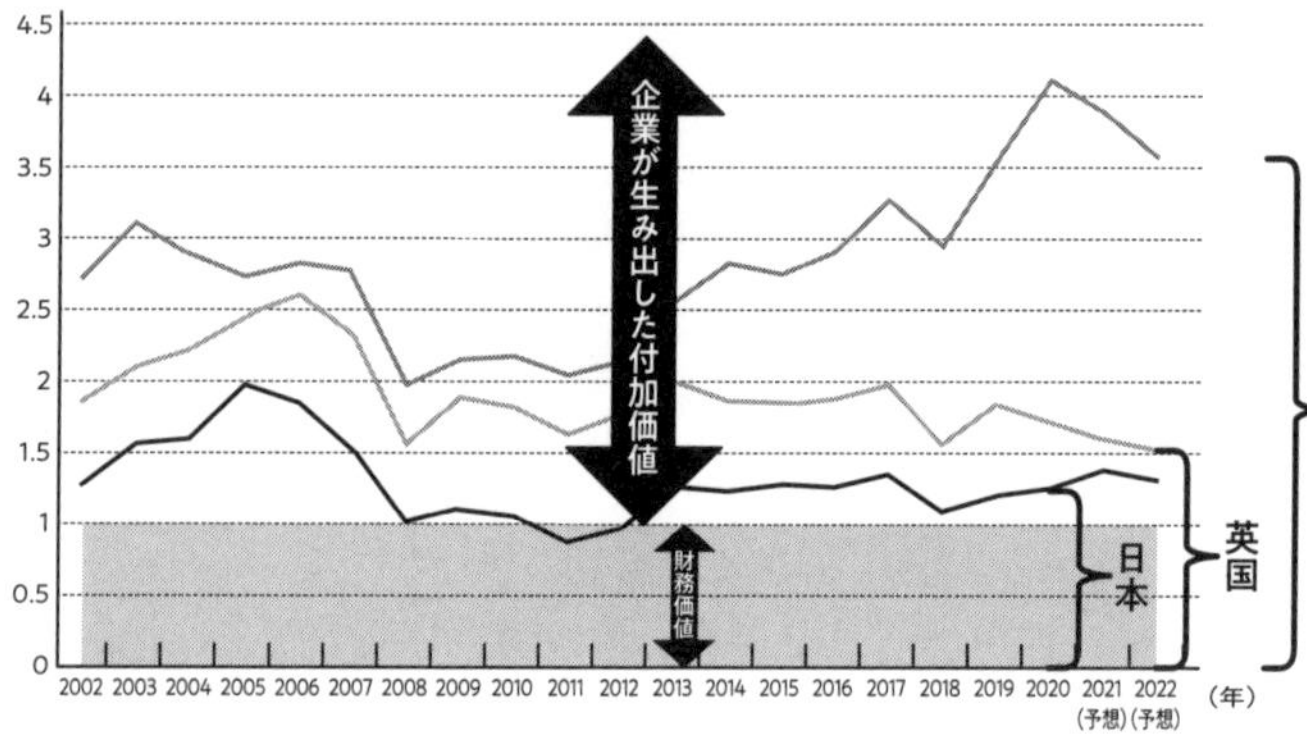

出所：各種データよりレオス・キャピタルワークス作成

してきていることがわかるでしょう。

これは、かつて企業価値の多くが「見える資産」によってはかられていたところ、現在は**「見えない資産」による企業価値の評価が重視**されるようになってきているからです。米国の株式市場についていえば、「投資家はいまや無形資産しか見ていない」と言ってもいいほどです。

少し考えればわかることですが、**ビジネスのサービス化やテクノロジー化が進むほど、収益を生み出す源泉としての人材や技術など、「見えない資産」の価値がより重要**になります。米国では、「見えない資産」の企業価値への反映が顕著に進んでいるわけです。

一方、このグラフからは、**日本がまだまだ「見えない資産」を企業価値に反映できていない**ことが見て取れます。「伊藤レポート２・０」は、この点を日本の課題の１つとして提示したわけです。

◎人材は「コスト」から「資本」へ

その後も「伊藤レポートの進化」は続いています。

２０２０年には「持続的な企業価値の向上と人的資本に関する研究会　報告書～人材版伊藤レポート～」が、２０２２年には「人材版伊藤レポート２・０（人的資本経営の実現に向けた検討会　報告書～人材版伊藤レポート２・０～）」「伊藤レポート３・０（ＳＸ版伊藤レポート）　サステナブルな企業価値創造のための長期経営・長期投資に資する対話研究会（ＳＸ研究会）報告書」が示されました（図１－４）。

かつての企業経営では人材は「（人件費のかかる）コスト」としてとらえられていましたが、伊藤レポートの進化に伴い、現在は**人材を「資本」として捉え、その価値を最大限に引き出すことで中長期的な企業価値向上につなげる**という**「人的資本経営」**の考え方が広がりつつあります。

図 1-4　持続的企業価値向上への道のり

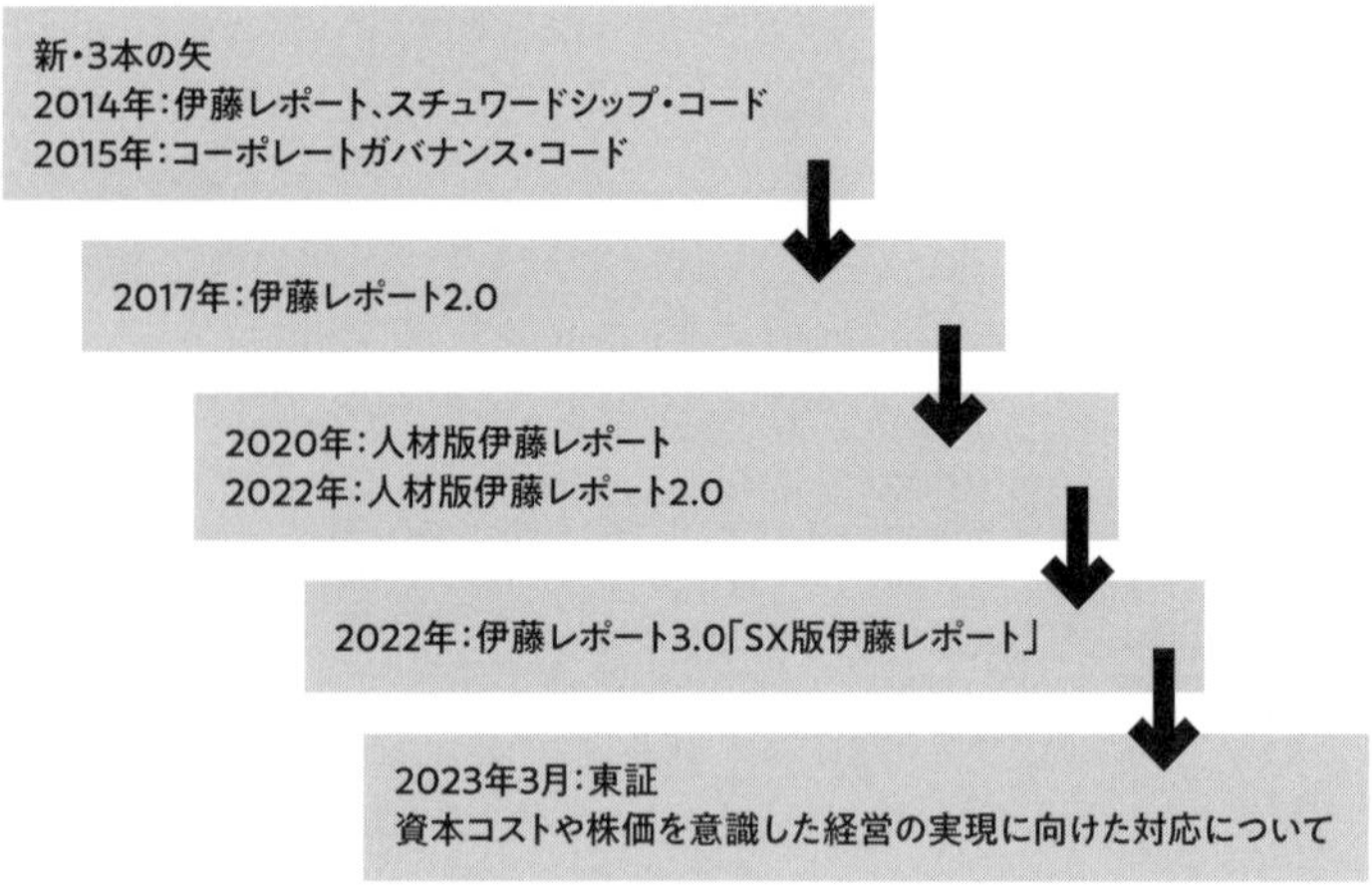

◎ 大きく改善した日本企業のガバナンス

「新・３本の矢」が登場してからの８年ほどの間に、日本企業のガバナンスは大きく改善しました（図１－５）。

たとえば２０１４年当時、「２名以上の独立社外取締役の選任」ができていた上場企業は20％程度に過ぎませんでしたが、２０２２年には99％の上場企業が対応できています。同様に「３分の１以上の独立社外取締役の選任」については、２０１４年には上場企業の６・４％しか対応できていませんでしたが、２０２２年には92・１％となっています。「過半数の独立社外取締役の選任」へと基準を厳しくしても、すで

図 1-5　ガバナンス面は大きく改善

役員の問題

- 2名以上の独立社外取締役の選任状況：2014年21.5%→2022年に99.2%
- 3分の1以上の独立社外取締役の選任状況：2014年6.4%→2022年92.1%
- 過半数の独立社外取締役の選任状況：2014年1.4%→2022年12.1%

指名・報酬の問題

- 指名委員会・報酬委員会の設置状況：2015年10%強→2022年90%弱
- 指名委員会・報酬委員会の委員長の属性：法定の場合で80%強、任意の場合で60%強を社外取締役が務める

投資家とのエンゲージメント

- 機関投資家との対話～資本コストに関するもの（持ち合い株の縮減）
- 人材交流（企業経営層における投資家出身者の増加）
- アクティビストの影響

出所：データは「東証上場会社コーポレート・ガバナンス白書2023（データ編）」に基づく東証一部／プライム市場の数値

に上場企業の10%を超えている状況で、私は今後数年以内にこれが50%を超えてもまったくおかしくないだろうと思っています。

また、かつては上場企業であっても経営者の報酬について透明性が高いとはいえず、「お手盛りで決めているのではないか」と問題視されていましたが、取締役の選任・解任について議論する「指名委員会」と取締役や執行役の報酬を決める「報酬委員会」を設置する企業が2022年時点で90%弱まで増えているのも大きな改善点と言えるでしょう。

さらに、私は**指名・報酬委員会の委員長を社外取締役が務めるケースが増えている**

ことにも注目しています。

もし指名・報酬委員会の委員長に就いているのが社長だとすると、野球でいうなら監督と選手を兼任しながら「代打、オレ」「4番、オレ」と好き勝手にするようなものであり、「打てない打者なのにいつも4番に居座っている」という状況が生まれかねません。かつてはトップの独断専行が当たり前だった日本企業において、指名委員会・報酬委員会の設置が進み、社外取締役の委員長就任が増えているというのは非常によい傾向だと思います。

スチュワードシップ・コードが制定されたことにより、機関投資家が投資先企業と対話をして経営改善を促す場面も増えています。

私自身が投資家として実感しているのは、四半期決算ももちろん確認しますが、より長期的な目線でガバナンス等について企業と議論するようになったということです。**企業間の株式の持ち合いも減少し、株主による健全な監視**が行われるようになってきていると言えます。

企業側には、**ガバナンスがしっかりしていないと「物言う株主」に付け込まれるかもしれないという緊張感**も生まれており、アクティビストの存在感が高まっているのも大きな変化の1つでしょう。

また、機関投資家との対話を重視する企業が増え、**ＩＲ（投資家向け広報）の担当者として投資家出身者を招聘**するケースも見られるようになりましたし、そのような企業は**しっかり株価を意識した経営**をしていると感じます。

◎改善がスピーディに進まなかった理由

「新・３本の矢」とその後の伊藤レポートの進化についてご説明してきましたが、読者の皆さんの中にはその影響をあまり感じたことがないという人も多いかもしれません。

というのも、**ここまでの日本企業の体質改善が非常にゆっくり進んできた**からです。

２０１４年に「伊藤レポート」が登場した当時、企業経営者とのディスカッションの中で多く聞かれたのは、「具体的にどのようなアクションをとればいいのかわからない」という声でした。その都度、機関投資家として企業のどのような行動を評価するのか、どのような情報開示を求めているのか等を伝えてきましたが、具体的なアクションに結びつくのには相応の時間が必要だったのです。

さらに、経営者が「ＲＯＥを８％以上に上げよう」という意思を持ったとしても、それを従業員の日々の仕事にどのように結びつければよいかというのも、大きな課題でした。

皆さんも考えてみていただきたいのですが、たとえば現場で営業の仕事をしているとして、「ＲＯＥを高めることを意識して業務に当たってほしい」と言われても、どうしていいかわからないのではないでしょうか。

これはなかなか難しい問題でしたが、中には**「伊藤レポート」を現場に落とし込もうと取り組む先端的な企業**もちらほら現れ始めます。そこで経産省は「これはいい取り組みだ」というものを集め、その情報を広く共有していきました。

たとえば図１‐６の「ＲＯＥ逆ツリー」は、その一例で、ＲＯＥを高めるために着目すべき指標を洗い出し、それぞれの指標を改善するための戦略や施策等を整理して、それを現場レベルの評価指標に落とし込むというフレームワークです。

このような「お手本」があれば、ほかの企業も「これをウチの会社に当てはめると……」と具体策を考えられるようになります。さらに「横並び」意識が強い日本企業では、**「よそがやっているならウチもやらなければ」**ということになりやすいのです。

こうして先進事例の中から少しずつ知見が集まることによって、少しずつ、しかし着実に変化は進んできました。

確かに、日本の株式市場の現状を見れば、変革はまだ道半ばと言わざるを得ません。

図 1-6 「ROE逆ツリー」等のフレームワークにより、
持続的企業価値形成と業務のつながりが構築されつつある

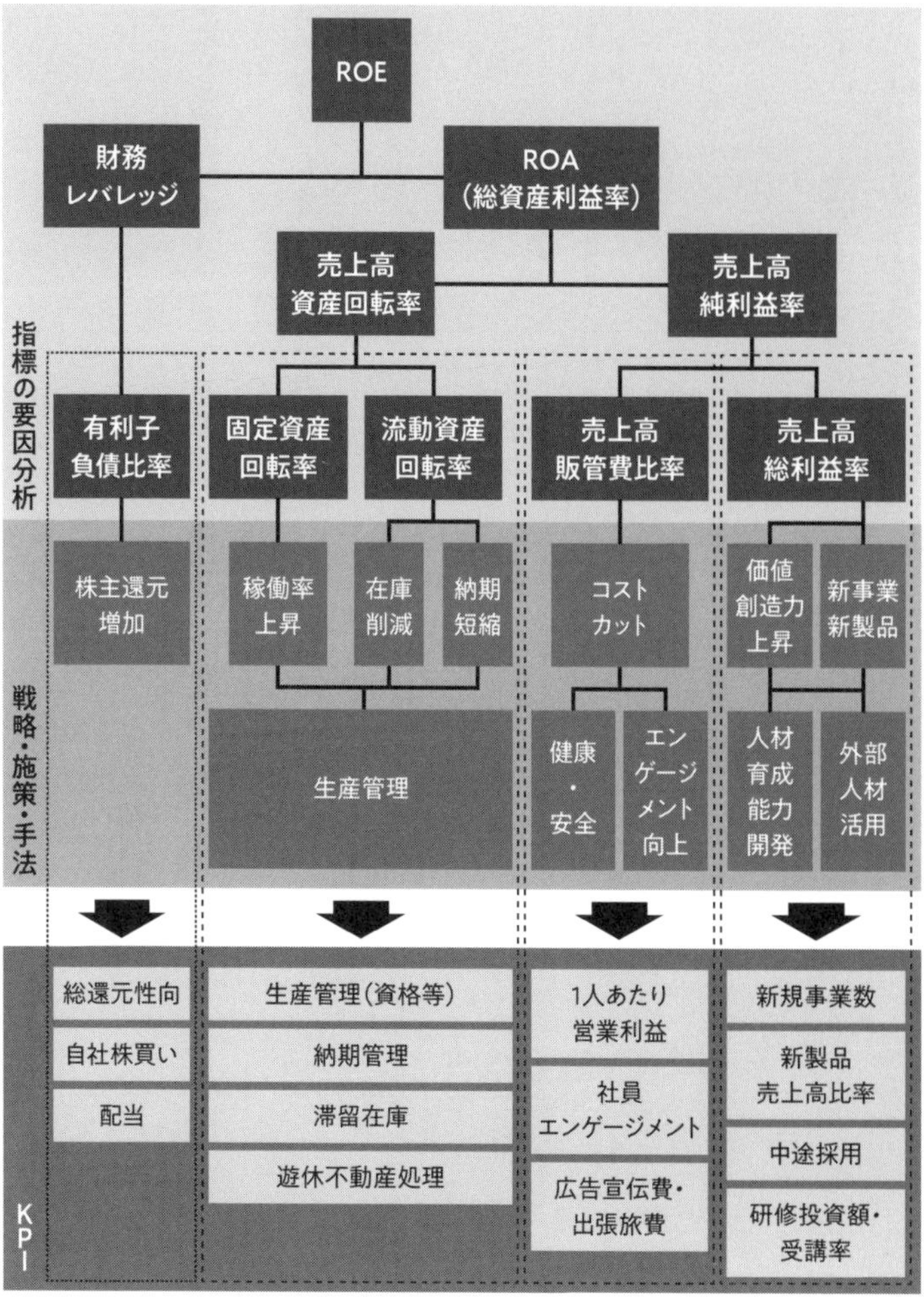

図１－７の主要企業のＰＢＲとＲＯＥを海外と比較したグラフは東証が公表しているものですが、２０２２年７月時点で日本の主要企業は依然として40%が「ＲＯＥ８％未満」、43%が「ＰＢＲ1倍割れ」の状態にあります。しかし**「伊藤レポート」後、漢方薬のようにじわじわと効果が現れてきている**ことは間違いありません。

◎東証が注入した「カンフル剤」

漢方薬で体質改善が図られてきた中、東証がＰＢＲ1倍割れの上場企業に対して改善策の開示・実行を要請したことは、言ってみれば「カンフル剤」です。東洋医学的にじっくり体の基礎をつくってきたところに、西洋医学の即効性のある薬を注入したというのがイメージに近いかもしれません。

当然、効果は如実に現れることになります。**その結果が、昨今の株価上昇**なのです。

こうして振り返ってみて思うのは、ここまでの歩みには時間がかかったものの、この順番が正しかったのだろうということです。

投資家として、**企業が土台をしっかり鍛え直してきた経緯**を見てきたからこそ、私は**「これからも日本企業の体質改善は進む」**と確信しています。

図 1-7　日本では主要企業の4割が依然として ROE8%未満、PBR1倍割れ

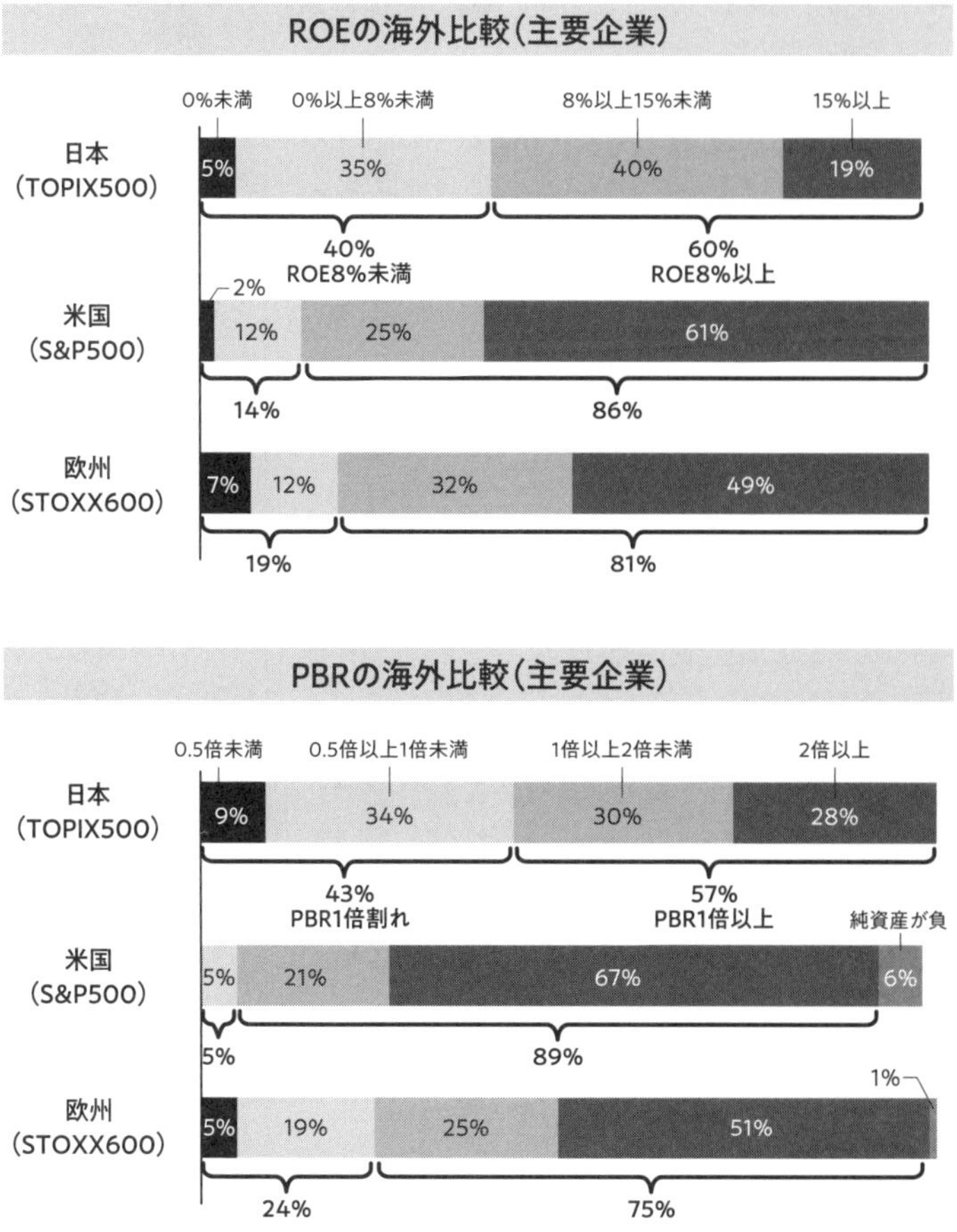

注：Bloombergから取得したデータを東証で加工、データが得られる企業のみ抽出、2022年7月1日時点

2

「眠くて退屈」だった日本の〝大企業〟が変わり始めた

◎「ゴルフ、健康、勲章」にしか関心がなかった経営者たち

「漢方薬」の効果がよく現れたのは、ネットで「JTC（ジャパニーズ・トラディショナル・カンパニー）」と揶揄されるような大企業です。

以前の私は、「日本の大企業の社長に会ってもつまらない」と思っていました。外国人投資家と会話をするとよく「日本の経営者はスリーピング＆ボアリング（眠くて退屈）だ」と言われたものですが、何千人もの企業経営者と面談してきた私も同じような感想を抱いていたのです。私が運用する「ひふみ」に対し、中小型株や成長株の投資に強いというイメージを持っている人は多いと思いますが、「ひふみ」の運用が中小型株・成長株に傾斜していたのは、**大企業の中に「投資したい」と思えるような会社がなかった**からだと

も言えます。

わかりやすく言えば、大企業のトップには「成長するぞ！」「株価を上げるぞ！」という気概を持った人が見当たらなかったのです。

おそらくこれは、大企業において「社長になること」が成功の証であり、それがゴールだったからではないかと思います。社長になった後はいわば「消化試合」で、リスクを取って成功したからといって大きな報酬や評価が得られるわけではありません。社長になってからの会社員生活を「ご褒美のようなもの」ととらえ、「自分が社長を務めている間、会社が傾かないようにさえすればいい」と考える人も多かったのでしょう。

見方を変えれば、これは日本で**デフレが続いてきた要因の１つ**でもあります。**株主の権利を無視し、会社に寄生しながら楽園生活を謳歌する「サラリーマン社長」による経営**は、更新投資を中心とした保守的なものになることを運命づけられていました。大企業が次なる成長を目指した大胆な設備投資をせず、常に投資不足の状況になった結果、銀行の貸出先がなくなって資金が滞留してしまっていたのです。

大企業のサラリーマン社長と会話すると、彼らはいつも３つの話で盛り上がっていました。１つは、ゴルフ。もう１つは、健康。もう１つは、「どうすれば勲章をもらえるか」

図 1-8　**大企業で経営者の若返りが進む**
主なトップ交代事例

社名	年齢	新トップ
トヨタ自動車	53	佐藤恒治
ソニーグループ	58	十時裕樹
JR東海	57	丹羽俊介
オムロン	57	辻永順太
SGホールディングス	56	松本秀一
オリンパス	55	シュテファン・カウフマン
サントリー食品インターナショナル	63	小野真紀子

年齢は就任時
出所：各種報道、会社開示資料より、レオス・キャピタルワークス作成

です。スリーピング&ボアリングと評されるのも、当然だったと思います。

◎住友商事のトップに会って気づいた「大企業の変化」

しかし、時代は変化しました。コロナ禍を経て大企業のトップ交代が進む中、**一気に社長が若返る**ケースも目立つようになっています（図1－8）。「伊藤レポート」後の時代を長く過ごしてきた彼らの中には、より洗練されたグローバルな視線を持ち、株式市場と対話できるタイプの社長も登場しています。

何より私が感じているのは、トップとして経営にフォーカスする覚悟があり、成長志向を持つ人が増えてきたことです。社長

になることを人生のゴールとせず、「社長になってからのパフォーマンスで勝負しよう」と考えて真摯に取り組むトップが牽引すれば、その会社が大きく成長する可能性は十分にあります。**日本の大企業の中に、長期的な株価上昇が期待できる会社群が発生しつつある**のです。

私が大企業の変化に気づいたきっかけの1つは、２０２２年末、**住友商事**（銘柄コード８０５３）社長の兵頭誠之さんと食事をする機会を持ったことでした。

旧知の方の紹介があって3人でじっくり話すことができたのですが、私が驚いたのは、兵頭さんが1時間半もの間、食事にもほとんど手をつけずに明確な成長戦略をものすごい熱量で話していたことでした。世界の課題であるカーボンニュートラルやＳＤＧｓの問題、日本の食糧自給率や経済安全保障の問題など話題は多岐にわたりましたが、ご自身が長く電力インフラ事業に携わっていた経験やインドネシア住友商事社長を務められた経験も背景に「私たち住友商事がどのような役割を果たすべきか」という視点で論理的に話をされる様子は、日本の大企業トップの変化を強く私に印象づけたのです。

ですからその後、**バフェット氏が来日して「日本の商社株を買い増す」と言ったとき、**

私はまったく違和感を覚えませんでした。バフェット氏が商社株に投資した理由は１つではないと思いますが、少なくとも、**日本企業の経営者の変化が見えていたことは間違いない**と思います。

◎数字主義との決別を表明した第一生命

最近トップにお会いした大企業の中で大きな変化を感じさせられた会社は他にもあります。その１つが、**第一生命ホールディングス**（銘柄コード８７５０）です。

２０２３年４月に常務から抜擢されて第一生命の社長に就任した隅野俊亮さんは、就任時53歳です。金融機関トップとしては非常に若いと言っていいでしょう。またこれまでのトップとの違いは、隅野さんがいわゆる運用畑の人であることです。生命保険会社では人事畑や営業畑の人が出世してトップになることが多く、運用畑の人が社長になるのはめずらしいことです。加えて隅野さんは海外勤務が長く海外Ｍ＆Ａを牽引した経験もあり、グローバルな視野を持った経営にも期待が持てます。

私が隅野さんの覚悟を感じたのは、面談の中で明確に「ターンオーバーと決別する」と言っていたことです。

これは第一生命に限らないことですが、**従来、生命保険業界はある面で人を「使い捨て」**にしてきたところがありました。大量に営業職員を採用する一方で、その多くが脱落していくことを前提とし、目先の契約獲得に力を注いできたのです。

しかし隅野さんは、**人の回転率（ターンオーバー）が高い状態を明確に否定**しました。「お客様はもちろん、従業員にも長期にコミットすることが重要であり、しっかり人材を教育して長く働いてもらいたい」。これは当たり前の話だと感じる人も多いと思いますが、長く**生命保険業界に蔓延していた「数字主義」と完全に決別する**のだという意思を示したことは非常に大きいと感じます。

◎生保業界で真のダイバーシティは進むのか

実は私は、大手生命保険会社があまり好きではありませんでした。それは、「女性活用」を謳っている一方で女性を使い捨てにするカルチャーがあると感じていたからです。

私は経産省が選ぶダイバーシティ経営企業の選定委員なども務めてきましたが、候補企業の上位に並ぶ企業の中には、女性社員比率が高いことなどを根拠に「ダイバーシティ&インクルージョン（多様性を認め合い、それを企業活動などに活かそうとする考え方）に努めている」「女性が活躍している」というレポートを提出する生命保険会社もありました。

しかしそのような会社でも、課長クラスは男性が多く、役員ともなればほとんど男性ばかりという状況なのです。その実態は、私には、女性を消耗品扱いしているように感じられました。

長年にわたり業界に根づいてきたそのような在り方を根本的に変えていこうというのは、並大抵のことではないでしょう。もちろん第一生命についても、取り組みの結果が現れるのはまだ先のことになると思いますし、私たちは隅野さんが結果を出していくのかどうかを投資家として見定めなければなりません。

しかし、少なくとも**問題意識を明確にし、変化を起こすと宣言し、行動しようとする人に対しては「かけてみたい」**と思うのです。

もう少し付け加えると、第一生命は成長戦略について強く打ち出しているところも注目ポイントです。生命保険会社は従来、生命保険商品以外の金融商品の販売にはあまり力を入れていませんでした。しかし第一生命では今後、資産形成に資する商品を強化する方針を打ち出しています。住信ＳＢＩネット銀行や楽天銀行などのいわゆる「勝ち組」のネット系金融機関とタイアップする戦略は、うまくはまれば成長を後押しすることになるかもしれません。

何より、隅野さんには業績に対する強いコミットメント、そして「株価を上昇させる」ということに対する強い意欲があります。これは**従来型の大企業経営者とは大きく異なるところ**だと思います。

◎味の素の経営陣に感じた「本質的な真面目さ」と「純粋さ」

ほかにも、たとえば**味の素**（銘柄コード２８０２）を訪問して経営陣と面談した際には、彼らがアミノ酸の可能性について熱く語るのを聞いて、私は深く感銘を受けました。

味の素という社名を聞くと、多くの人は「昔からある食品会社」「スリーピング＆ボアリングの典型」といったイメージを持つかもしれません。

そもそも私たちの身近にある調味料としての「味の素」に対しても、「体によくないのではないか」「味の素を使うなんて愛情が足りない」といった、**まったく根拠のない偏見が今でも根強く残っている**ようにも思います。

しかし、味の素はそのようなイメージから大きな変化を遂げています。

自社の存在意義を「アミノサイエンスで人・社会・地球のWell-beingに貢献する」と掲

げ、優秀な社外取締役を招いて変革に挑んでおり、ＲＯＥ、ＲＯＩＣ（投下資本利益率）等複数の経営指標に明確で挑戦的な数値目標を設定しているのはもちろん、人材、顧客、技術、組織等の「見えない資産」も含めた企業価値をどう高めていくのかを考え、社会貢献等についても可視化するなど**独自の情報開示を行って着実に本質的な経営の改善**を進めています。統合報告書等のＩＲ資料からも、そのような取り組みは十分に見て取れるでしょう。

それに加えて、私が経営陣と話して「これはいい」と思ったのは、味の素という会社の「本質的な真面目さ」や「純粋さ」です。面談には社長、副社長、常務などキーパーソンが揃って対応し、さまざまな質問に対して率直に答えてくれたのですが、私が感動したのは、研究者である副社長の白神浩さんがアミノ酸についての話が止まらなくなってしまったこと。さらに、それを止めるような格好で割って入った社長の藤江太郎さんがまた情熱的にアミノ酸について語り始め、ほとんど涙を流さんばかりの熱弁をふるったのです。

私は、彼らが本当にアミノ酸を愛しているんだということを強く感じました。「アミノサイエンスで人・社会・地球の Well-being に貢献する」というのは口だけではなく、**アミノ酸の力を心から信じて邁進**しているのが、味の素なのです。

◎味の素とイーロン・マスクの共通点

もちろん、何かを強く信じているからといって、それが即、成功につながるほどビジネスは甘くありません。

しかし私がこれまで多くの大企業に対して感じていた疑問、「自分たちが掲げているビジョンやミッションを本当に大切にしているのか」「規模が大きくなって、純粋性を失ってしまっているのではないか」という点について、少なくとも味の素の経営陣はアミノ酸への愛と信頼でしっかり答えてくれたと思います。

米国で大きく成長している企業を見ていて私が感じるのは、彼らがどこかに純粋さを残しているということです。

たとえばテスラやスペースXの創業者として知られるイーロン・マスク氏の評伝『イーロン・マスク』（ウォルター・アイザックソン著／文藝春秋）を読むと、マスク氏がとにかく本質的にやるべきことに対して集中しており、そして「あるべき未来」をどこまでも真剣に信じていることがわかるでしょう。

たとえば彼は、地球環境を考えれば電気自動車を使わざるを得ない、だから電気自動車を普及させることによって地球の資源を守るのだということを当初からずっと言い続けており、それは今も変わりません。そして、それと同じ熱量で「火星に人を送りたい」と言うのです。その**無謀ともいうべき純粋さは、テスラやスペースXのような超巨大企業の中に脈々と息づいています。**私は、だからこそテスラやスペースXは超巨大企業になっても爆速で成長し続けられるのではないかと思っています。

　これまで多くの**日本の大企業に足りなかったのは、そのような純粋さ**です。純粋に自分たちのやるべきこと、考えるべきことに集中できていなかったことこそ、世界の投資家から「日本企業はスリーピング＆ボアリングだ」と言われ続けた大きな背景でしょう。

　ですから私は、**味の素の「アミノサイエンスに対する熱狂」に根源的な強さを見た**のです。

　もちろん、味の素は食品を手掛けるだけでなく半導体材料もつくっており、半導体市況の影響も受けますから、短期的に見れば経済環境によって業績が大きな影響を受けることも避けられません。しかし、圧倒的なアミノ酸の知見を使って長期的にさまざまな社会課題に対応していくということについての信念、その揺るぎなさは、日本の大企業の中でも特筆すべきものだと思っています。

◎「パーパス経営」とファンマーケティングの関係

近年、先端的な**マーケティングの世界では「軍事用語を使うのはそもそもおかしい」**という話が出ています。

私たちはビジネスシーンで自然に「ターゲットを囲い込む」といった表現を使いがちですが、これは顧客というものを「囲い込むべき標的」だと考えているということにほかなりません。顧客側の立場でいえば、標的にされたり囲い込まれたりしたいとは望んでいないでしょう。「自由で強い意志を持つ一人ひとりの人間」というポジティブな人間観を持っていれば、そのような言葉を使うべきではないということはすぐにわかるのではないかと思います。

たとえばエルメスが好きでエルメスの商品をたくさん買ってくれるAさんという人がいたとしましょう。エルメスの視点からすると、もしかすると「Aさんを囲い込んでいる」ということになるかもしれません。しかし生身のAさんは、おそらくルイ・ヴィトンやシャネル、あるいはサマンサタバサなどさまざまなブランドがある中で、エルメスの何かを気に入り、強い意志を持ってエルメスを買っているのではないかと思います。逆に、もしエルメスについて自分の気に入らないことがあれば、容易に離れていくでしょう。

重要なのは、エルメスがAさんを囲い込んでいるのではなく、Aさんが自分の強い意志でエルメスを選んでいるのだという視点です。

これから企業に求められるのは、**「ターゲットを囲い込む」ことではなく、強い意志を持った一人ひとりの顧客から選ばれる存在になること**だと思います。そのために必要なのは、自分たち自身が強い意志を持ち、社会に対して自社の在り方を発信していくことでしょう。

近年、多くの企業が取り入れている**「パーパス経営」**は、ただ「パーパス」と呼ばれる言葉を掲げるものではありません。そのパーパスが求心力を持つこと、もっと言えば「自社のパーパスを実現するためにすべてのステークホルダーを巻き込んでいくこと」「パーパスそのものに対する共感を高めていくこと」ができてこそ意味を持ちます。

マーケティングの世界で、軍事用語を使うことへの違和感と対をなすように注目されているのが**「ファンマーケティング」**です。自社に共感や信頼を寄せて商品やサービスを支持する熱狂的な「ファン」をつくることによって安定的な経営が可能になるという考え方ですが、会社の売上の多くを生み出す**「コアの顧客」をつくるのはパーパスへの共感であり、企業には共感を生む強い意志や純粋さが求められている**ということも言えるでしょう。

◎「安いけど不味い」から「安いのに美味しい」へ

2023年に入って日本の株式市場が堅調に推移した背景には、多くのメディアで解説されているように、米国の金利上昇の影響によって米国景気が悪化する可能性が懸念されたことがあります。また、中国経済の予想以上の失速によって日本経済の「負け比べの中の安定感」が評価され、退避資金的なマネーが流入してきたことも1つの要因でした。

しかし、理由はこれだけではありません。コロナの収束とともに人の往来が活発になり、海外投資家の間ではバフェット氏の来日もきっかけとなって訪日する人たちが増えました。そのような海外投資家によって、今まで「スリーピング&ボアリング」だと思われていた**日本の大企業群が思いのほか変化をしており、よりアグレッシブで未来志向になっている**ことが確認されたのです。

市場改革が道半ばである中、**日本の株価水準の割安感も注目**され、かつて「安いけど不味い」と思われていた日本株は、いまや「安いのに美味しい」へと**評価が激変**しているといっていいでしょう。

本章では3つの企業の事例に触れましたが、調査の現場では、日々「日本の大企業がだいぶ変わった」ということを感じることが増えています。

「ひふみ」の「大型株には投資をしない」という従来の戦略は、今はうまく機能しなくなってきていると感じていますし、世の中が絶え間なく変化していく中、**私自身も変化していかなければならない**と思っています。

第2章

「日経平均」は10年後に10万円を超えている

1

バブル期の異常値を除けば、日本株は「右肩上がり」だった

◎バブル末期に見た光景

私は今、10年後に日経平均株価は10万円になっていると思っています。

こんなふうに書くと「藤野さんはだいぶ疲れているんじゃないか」などと心配されるかもしれません。しかし、私は本気です。

図2－1は、バブル期以降の日経平均株価の推移です。第1章の冒頭でも確認したとおり、いまだに1989年の最高値を抜くことができていません。多くの人が、「日本株市場は長期で低迷が続いている」と理解しているのではないかと思いますし、「失われた30年」がさらに続くだろうと考えている人も多いかもしれません。

しかし、**そもそも「日本株市場がずっと低迷していた」との見方は正しいのでしょう**

図 2-1 バブル期以降の日経平均株価の推移

出所：Bloombergの掲載情報に基づきレオス・キャピタルワークス作成

か？

バブルのピークから現在までどのような動きがあったのか、ここで少し、私自身の経験もお伝えしながら過去を振り返ってみたいと思います。

１９８９年12月に日経平均が最高値をつけてから３カ月ほど経った頃、私は野村投資顧問（現在の野村アセットマネジメント）に入社しました。入社日の１９９０年４月２日は、株価が史上２番目の大暴落を記録した日です。日本経済が、その後30年続くデフレ経済の入り口に立つのと時を同じくして、私は資産運用の世界の入り口に立ったわけです。

株価は下がりつつはありましたが、まだ

高値圏にあり、バブル経済の残り香は感じられました。20代、30代の方にとってみればバブル経済は「話に聞いたことがある歴史上の出来事」でなかなかピンと来にくいかもしれませんが、１９８９年当時は世界の時価総額ランキングでＮＴＴが1位になっただけでなく、トップ10に日本興業銀行、住友銀行、富士銀行、第一勧業銀行、三菱銀行、東京電力が名前を連ねるという状況で、日本に対する世界の評価は現在とはまったく違っていたと言えます。

当時はインフレもピークでした。

１９９０年までの日本には「土地神話」「株神話」という言葉があり、多くの人が「土地の値段は上がり続ける」「株価は上がり続ける」と信じていました。その神話のもと、借金をして株や土地を買った人がたくさんいました。**借金の金利を払っても株や土地の値上がりで利益を出すことができたので、それが「正解」だった**のです。

当時、大きく業績を伸ばした企業の1つがダイエーでした。ダイエーの戦略は、どんどん借金をして土地を買ってはスーパーを出店し、店舗網を急拡大するというもの。これもインフレ経済の中では「正解」だったと言えるでしょう。しかしバブルの終焉とともにダイエーは経営難に陥ることになりました。

◎「尾上縫」と「住専」に見るバブル期の異常性

バブルのさなかには、非常に無節操な投資も当たり前に行われていました。たとえば皆さんは「尾上縫《おのうえぬい》」という名前を聞いたことがあるでしょうか？大阪で料亭を経営する一方、投機的な株式投資で「女帝」と呼ばれるまでになった人物で、バブル末期には証券会社や銀行から**何千億円もの貸付を受けながら株式投資**をしていました。

なぜそんなに貸付を受けられたのかといえば、業界では誰も尾上縫に逆らえなかったからです。後に株価の下落とともに尾上縫は破産し、また巨額詐欺事件で有罪となり、金融機関に莫大な債務を残すことになりました。

また、バブルの象徴とも言えるのが「住専問題」でした。住専（住宅金融専門会社）はその名前のとおり住宅ローンを専門に扱う金融機関だったのですが、土地神話を背景に過剰で無定見な貸し込みを行っていたのです。

バブル崩壊によって不動産価格が暴落すると、住専は巨額の不良債権を抱えることになりました。住専の多くは銀行の子会社でしたから、住専問題により日本の金融システムは危機に陥り、住専の破綻処理には巨額の公的資金が投入されることになりました。

このように少し振り返っただけでも、**バブル期がさまざまな意味で異常な時代**だったことがわかるのではないかと思います。

かつて私は、バブルがこれから崩壊するというタイミングで社会人生活が始まった自分のことを残念に思ったこともありました。しかし今では、バブル期の空気をほとんど吸わなかったのはとても幸運だったと思っています。もし**あの空気に染まってしまっていたら、きっと生き残ることができなかった**でしょう。

◎飛ぶ鳥を落とす勢いの企業が瞬く間に崩れていった

そのような時代背景の中、私が配属されたのは中堅中小企業に投資する部署でした。そこで私は、**「バブル銘柄」と「デフレ銘柄」の入れ替わり**を見ることになりました。

たとえばバブル末期に会ったリゾートマンション建設会社の社長は、非常に派手なスーツを着ていかにも高そうな時計を身につけている、いわゆる「バブル紳士」のような人でした。その社長は私に、「僕は庶民に夢を与えたい」と語りました。

「都市部では不動産が値上がりし、普通のサラリーマンが家を買えなくなっています。その人たちは、1時間、あるいは1時間半も満員電車に乗って通勤しているんです。一生懸命頑張って、満足な家すら持てない。こんなことが許されるんでしょうか。そういう人たちに、僕は夢を与えたいんです。新潟の越後湯沢や神奈川の箱根なら、頑張れば温泉付きのリゾートマンションを買えます。週末はそこでゆったり暮らしてほしいんです」

「フランスと日本の余暇時間の差を見てください。日本人は『エコノミックアニマル』と呼ばれるほど働いていますが、フランスではこんなに余暇時間をとっているんです。今後は日本も余暇時間が増え、週末はリゾートでのんびり過ごす時代になるでしょう。日本はヨーロッパ型の社会になるんです」

彼の話には説得力がありましたし、実際に当時のその会社の業績は右肩上がりでした。投資の世界には、まるでじゃんけんの結果を見た後に「どうしてチョキを出さなかったんだ」「なぜパーを出したのか」といってなじるような真似をする人がたくさんいますが、私はあの会社に銀行がどんどん融資をしたのは当たり前だと思います。過去の実績を見れば抜群の会社ですし、その後、雪崩のように売上が急落することを予測するのは難しかったでしょう。

結果的には、その会社は数年後に破綻しました。現在でも越後湯沢や箱根には当時建設されたリゾートマンションが数多く残され、目を疑うような安さで売りに出されていますが、買う人はほとんどいません。

このリゾートマンション建設会社は、ほんの一例です。飛ぶ鳥を落とす勢いだった企業が瞬く間に崩れていくケースを、私はその後も数多く目にすることになりました。

◎デフレへの転換で勃興した企業群

一方で私は、新しい時代を感じさせる経営者たちにも会うことになりました。

1990年代前半のことだったと思います。北海道・札幌に出張し、郊外で非常に安い家具を売っている会社を訪問しました。**地方の小さな企業でしたが、地域の人たちからたいへんな人気を集めているのを興味深く見たのが、ニトリ**との出合いでした。

1990年代なかばには、**広島証券取引所に単独上場したファーストリテイリング**を訪問しました。当時のユニクロは広島、岡山、山口を中心に展開するローカルなアパレルショップでしたが、社長の柳井正さんに会ったとき、私は「すごい人間力だ」「強い成長意欲を持っているな」と驚かされることになりました。

バブル崩壊後、ダイエーのような「インフレ銘柄」は低迷し、銀行株なども劇的に値下がりしてＰＢＲが０・５倍を割るような会社が次々に出てくる一方、世の中ではニトリ、ユニクロ、ドン・キホーテ、サイゼリヤや１００円均一ショップのセリア等が人気を集め、**株式市場も「デフレ銘柄」が席巻**していったのです。

当時の状況を少し俯瞰して見ると、**インフレ経済では「持つ者」が強く、逆にデフレ経済では「持つ者」が苦しい**ということがよくわかります。

インフレでは資産価格が上昇するので、土地や株を持っている人が有利であり、借金をしてでも資産を「持つ者」がどんどん豊かになっていきます。デフレ経済はその逆で、資産の価値は小さくなっていきます。特に借金をして資産を保有していた場合は悲惨で、借金が返せず担保価値も減ってしまう中で破綻する会社があとをたちませんでした。

デフレ経済下ではアウトソーシングをしたりして「持たない経営」をする企業が強く、また全般的に不況気味で人材が余っていたので、人件費を安く抑えることもできました。

一方、１９９５年にウインドウズ95が登場して「マルチメディア」という言葉が使われるようになり、さらに２０００年にＩＴ革命が始まったことによって、インターネットビジネスの世界では新興企業が次々に現れました。

大手企業が「持つ経営」で苦しむ中、「持たない経営」をする中堅中小企業は堅調で、さらに「デフレ×ＩＴ」が１つのテーマになると、ソフトバンクや楽天、サイバーエージェントなどの新興企業が急成長を遂げました。

◎長く日本の足を引っ張っていたのは〝大企業〟だった

私は一時期、講演やセミナーで話をする際に「**２００２年12月から２０１２年12月の10年間で、株価が上昇した企業は何パーセントあったでしょうか？**」というクイズを出して手を挙げてもらっていました。

リーマン・ショックや東日本大震災があり、日経平均株価が低迷していた時期ですから、多くの人は「20％」や「30％」で手を挙げます。しかし実は、この間にも**70％の企業は株価を上昇**させていました。

ここで「値上がりしたといっても大したことはないだろう」と考える人は多いと思いますが、この10年間で株価が上がった１７０５社について調べると、平均して**株価も利益も約２倍**になっていたのです。この１７０５社の内訳を見ると、大型株は４％に過ぎず、中小型株と超小型株が96％を占めていました。

さらに２００２年12月からの10年間について見ると、東証一部上場銘柄のうち時価総額

図 2-2 **日本株市場を長く支えてきたのは中小企業だった**
「アベノミクス」後の株価の推移（2012年末=100とした場合）

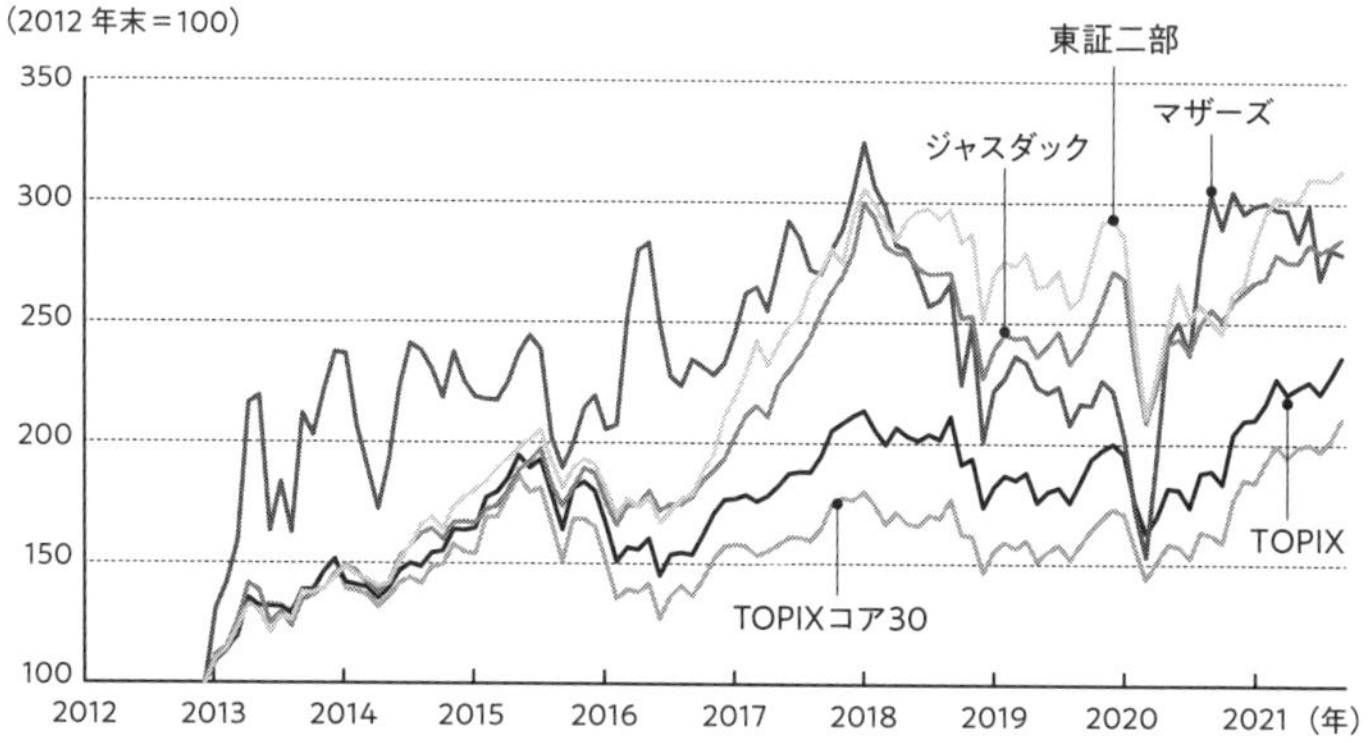

出所：大和証券の情報に基づきレオス・キャピタルワークス作成、2012年12月～2021年9月まで

と流動性が特に高い30銘柄で構成される**「TOPIXコア30」指数がマイナス24%**という残念な結果になる一方、**ジャスダックは43%、東証二部は67%上昇**していました。日本の株式市場の足を引っ張っていたのは大企業で、中小型株に分類される企業群は非常に元気だったのです。

では、その後はどうだったでしょうか？

2012年12月に第二次安倍内閣が発足し「アベノミクス」を掲げると、日経平均株価は右肩上がりに回復していきました。この間の株価指数の推移を2012年末を100として示したのが図2－2です。

データからは、2012年以降も日本の株式市場を牽引してきたのが東証二部やジャスダック、マザーズ上場企業であったことが見て取れるでしょう。第1章で「ひふみ」の運用が中小型株・成長株に傾斜していたと述べましたが、それは**長きにわたって「大企業に投資しない」ことが勝ち筋であり続けた**からなのです。

◎日本の株式市場がグローバル化したきっかけ

バブル崩壊から現在までの間に株式市場で起きたことのうち、**地味ながらも重要なポイント**があります。それは、**国際会計基準の導入**です。

かつての日本の会計基準は、株式などの資産を取得時点の価格で評価する「簿価主義」を採るなどの特殊性がありました。グローバルでは決算時点の市場価格で評価する「時価主義」が一般的でしたから、海外から見れば「日本企業の決算は、計上されている資産と実際の資産の価値が異なる」という異常な状態になっていたわけです。

会計基準の見直しが始まったのは1999年頃のことで、連結財務諸表制度や有価証券の時価会計など、国際会計基準の導入が相次いで実施されました。

これにより、**世界の投資家は米国企業と日本企業を同じ基準で見ることができるようになった**わけです。

一方、２０００年頃にはインターネットが広がり始めました。今では考えられないことですが、それまではリアルタイムに情報を取得する方法が電話くらいしかなく、海外株の情報を得るには新聞などをチェックするしか方法がありませんでした。それがネットの普及によってリアルタイムでさまざまな情報を得られるようになったわけですから、その影響は非常に大きかったと言えます。

ほぼ時を同じくして起きた国際会計基準の導入とインターネットの普及は、株式市場のグローバル化を一気に進めることになりました。

その結果として起きたのが、日本株と米国株の連動性の高まりです。今では「米国株が上がれば日本株も上がり、米国株が下がれば日本株も下がる」というのはごく当たり前の事象として受け止められていますが、１９９０年代には日本株と米国株はほとんど連動していませんでした。それが、米国はもちろんヨーロッパの株式市場も含め、２０００年以降は連動して動くようになってきたわけです。

なお、リーマン・ショックの際は世界の株式市場が一斉に暴落しましたが、これも株式市場のグローバル化の負の側面が現れた結果と見ることができます。

図 2-3　日本ではバブル期にPERが異常値を示した
日米の12カ月先予想PERの推移

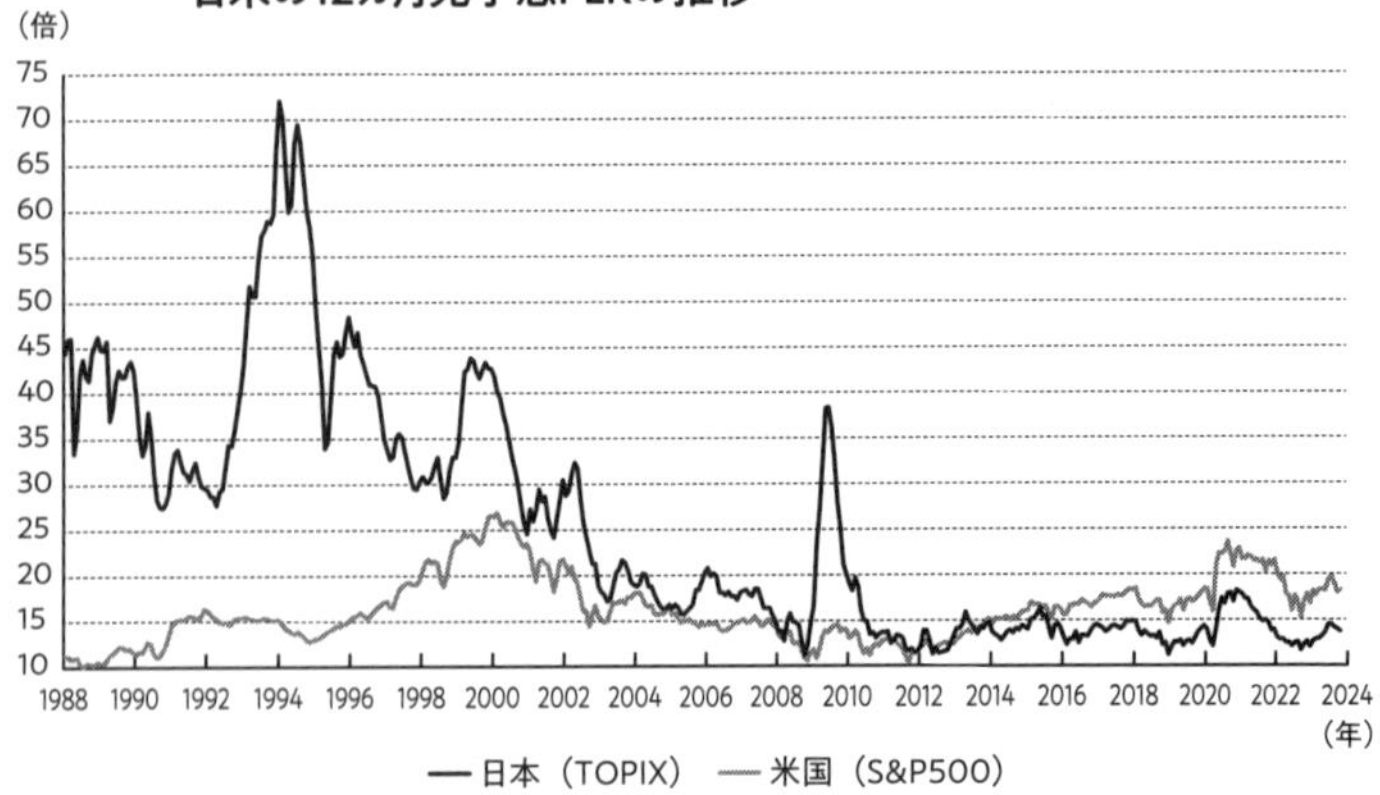

注：FactSetコンセンサスの12カ月先予想
出所：FactSetよりレオス・キャピタルワークス作成

◎バブル期のPERは「異常値」

株式投資の世界でよく使われる指標の1つに、**PER（株価収益率）**があります。これは「1株あたりの純利益（EPS）に対して、株価が何倍になっているか」を示す指標で、「その企業が上げる利益から考えて、株価が割安か割高か」を判断するために使われます。

図2−3は、日本と米国の株式市場についてPERの推移をグラフで示したものです。

データからは、米国ではPERがおおむね15〜20倍前後で推移してきたことがわかるでしょう。つまり**米国では、平均して15**

～20年分の利益を織り込んで株価が形成されているわけです。

一方、日本ではバブル期のＰＥＲが非常に高く、一時は70倍を超える水準になっていました。70年分の利益を織り込んでいる計算になりますから、これは異常と言っていいでしょう。実際、株式市場のグローバル化が進んだ結果、ＰＥＲという物差しも世界的な基準として機能するようになり、**日本でも２０００年頃を境に米国とほぼ同じ水準に収斂**していることがグラフから見て取れます。

ここで仮に、株式市場がグローバル化するまでの期間のＰＥＲを「正常な水準」に修正した場合、日経平均株価がどう推移していたかを見てみましょう。

図２－４は、１９８３年1月～２００２年12月のＰＥＲを20倍として日経平均株価を修正したグラフです。いくら景気がよかったとはいえ、**ＰＥＲが合理的な水準に収まっていれば、１９８９年のピーク時でも日経平均株価は2万円程度**だったことがわかります。

日経平均株価がつけた4万円近い高値というのは、実際の企業収益の裏付けを持たない、まったく意味のない数字であったわけです。

「日本はバブル期のピークの株価をいまだに抜くことができていない」ということをもって、「日本はバブル崩壊後はずっと低迷している」というイメージを持つ人は少なくあり

図 2-4　日経平均株価と修正株価
（修正株価：1983年1月～2002年12月のPERを20倍で試算）

注：FactSetコンセンサスの12カ月先予想
出所：FactSetよりレオス・キャピタルワークス作成

ません。しかしバブル期の異常値を除くと、日本の株式市場は上がったり下がったりを繰り返しつつも、**長期的に見ればおおむね右肩上がりに上昇**してきたと言えます。

◎ 異常値を基準に物事を考えてはならない

バブルが問題だったのは、崩壊したこと以前に「バブルをつくってしまったこと」にあるのだと思います。当時の証券会社や経済界の責任は重いと思いますし、日本銀行（日銀）が有効な手を打てなかった面もあるでしょう。

この本を書いている２０２３年現在、米国ではパウエル米連邦準備理事会（ＦＲ

B）議長が金利引き上げによって経済を冷やそうとしています。**「なぜ株価を下げるようなことをするのか」と疑問に思う**人もいるかもしれませんが、これは日本のバブルやリーマン・ショックの反省が背景にあるのです。株価は上昇すればよいというものではなく、実態以上に上昇すればその後に反動が起きます。**急激なバブルをつくらないよう努めることは、多くの人が安心して投資をするためにも必要**です。

日本が過度なバブルを生み出してしまったことは歴史的な経済政策の失敗であり、私たちはそれを正しく反省する必要があります。同時に、バブル経済のもとでついてしまった4万円近い日経平均株価を基準に物事を考えないほうがよいとも言えるでしょう。

2

デフレからインフレへ。転換の背景

◎「デフレ経済は永遠に続く」という思い込み

かつて私は、インフレからデフレへの転換に伴って日本の株式市場が激変するのを目の当たりにしました。

そして今、私は日本が**デフレからインフレへと転換**しつつあると考えています。おそらく、**再び日本の株式市場は激変**するでしょう。

このように言われても「ピンと来ない」という人は多いだろうと思います。１９９０年当時も、多くの人はあらゆる場面において「インフレ経済は永遠に続く」ということを前提に物事を考えていたからです。今、30年も続いたデフレ経済の中を生きてきた日本人の多くが「デフレ経済は永遠に続く」と思い込んでいるのも無理はありません。

図 2-5　**欧米ではインフレ経済が続いていた**

米国、ユーロ圏、日本の消費者物価指数（除く食品・エネルギー）の推移

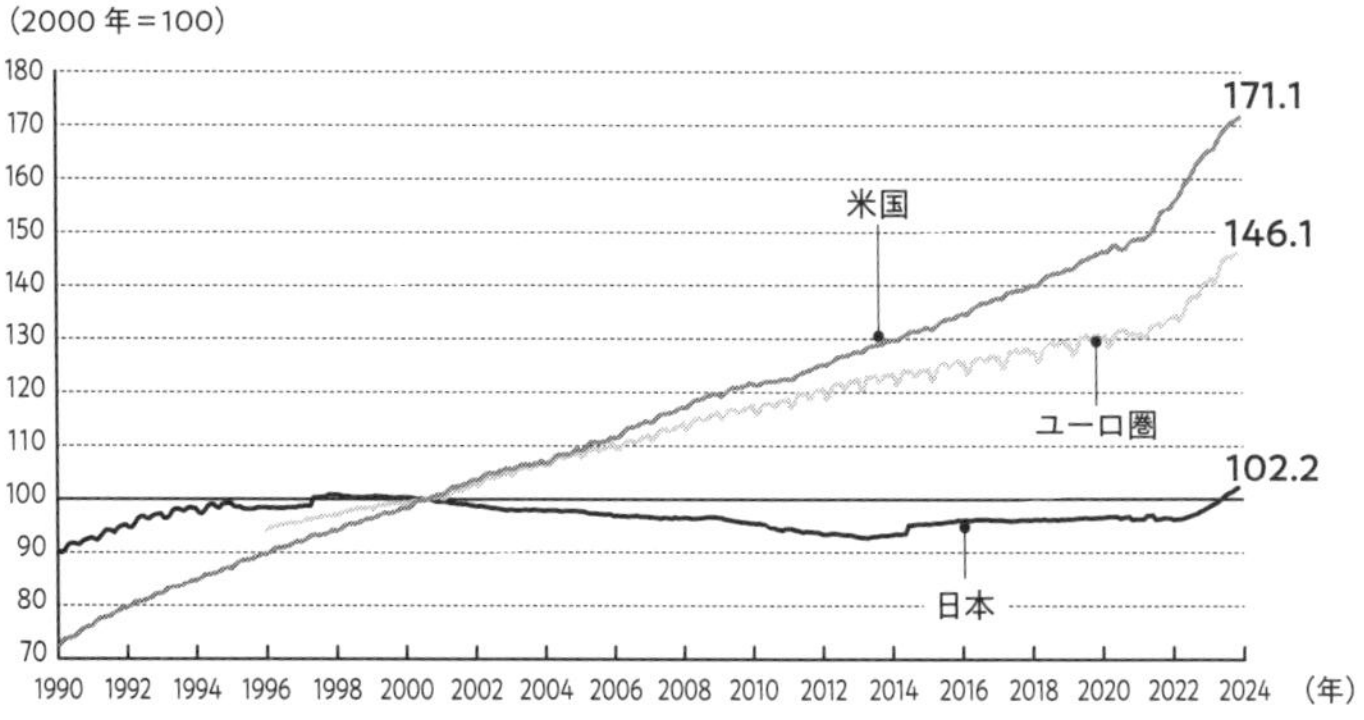

出所：Bloombergよりレオス・キャピタルワークス作成

しかしひとたび世界に目を転じれば、**１９９０年から現在まで、日本以外の国ではおおむねインフレ経済が続いている**のです。日本でデフレが30年も続いてきたことが、むしろ普通ではなかったと言えます。

図２－５は、米国、ユーロ圏、日本の消費者物価指数の推移をグラフにしたものです。

２０００年を１００とすると、２０２３年に米国では１７１・１、ユーロ圏では１４６・１まで物価が上昇していますが、日本は長らく物価が低迷しており、足元の物価上昇を反映してやっと１０２・２という状況です。

日本だけがデフレ経済の道を歩んでいる

図 2-6　**日米の相対消費者物価指数は日本が一貫して低下**
日本の対米相対物価と要因分解（2000年基準）

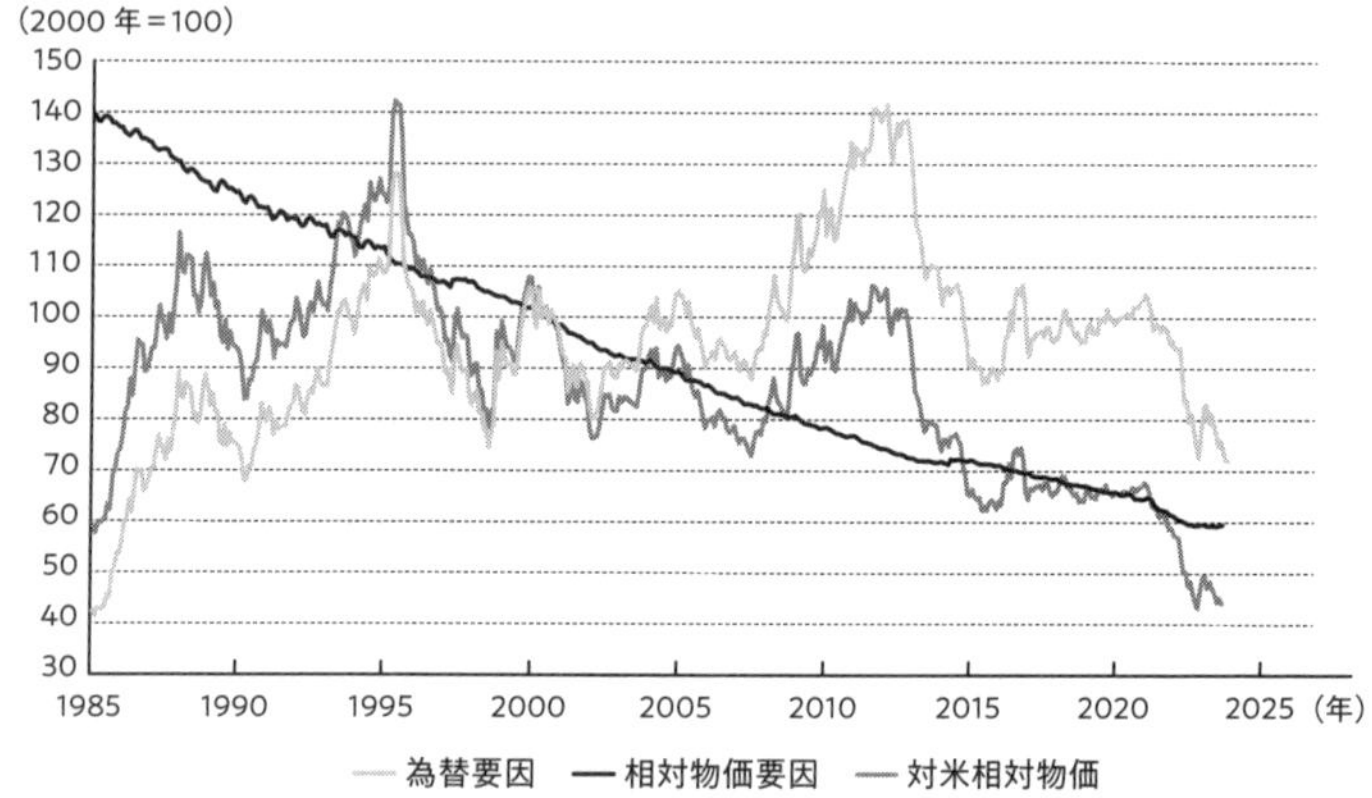

出所：Bloombergよりレオス・キャピタルワークス作成

中、２０２１年以降は円安基調が続いています。インフレ格差に加えて円安という要因が重なり、**日米間の相対物価は日本が一貫して低下**し続けてきました（図２－６）。

この結果、内外価格差（国内と海外の商品・サービスの価格差）はかつてないほど大きくなっています。

◎吉野家の牛丼並盛がアメリカでは１５００円に

コロナ禍が明けて再びインバウンド観光が活発化してきている中、海外から押し寄せる人々が**「日本は何でも安い」**と大喜びしていることは皆さんもご存じでしょう。

たとえば吉野家の牛丼は今、並盛１杯４６８円です。一方、今アメリカの吉野家では同じ牛丼が約１５００円で売られています。これは円安の影響もありますが、アメリカで継続的に物価が上昇してきたことが大きな理由です。

内外価格差の拡大は、海外に行くと強く感じます。２０２３年に私はロンドンに出張したのですが、近くのスーパーでランチを買おうとしたところ、１０００円出しても何も買うことができませんでした。１２００円出せば何とかサンドイッチが買えますが、日本のコンビニで売られているものと比べるとパンはパサパサで、挟まれている野菜は色が悪く、シャキシャキ感はまったくありませんでした。温かいランチを食べたければ、２０００円は出す必要があるでしょう。

また、**国内工場への投資の回帰**も目立ちます。世界最大級の半導体受託製造企業である、台湾のＴＳＭＣが熊本県に工場を建設して話題になっていますが、彼らが日本に来るのは「安いから」です。日本でなら工場を安く建てられますし、人件費も安く抑えられます。**「日本で物をつくって海外に輸出すれば、儲かる」**。だからこそ、今、日本中で工場建設ラッシュが起きているのです。

しかし、このような状況が永遠に続くわけではありません。経済がグローバルにつながっている現在、**行き過ぎた内外価格差は遅かれ早かれ修正**されていくと考えられます。

私は、少なくとも長期的には、円安トレンドや日本のデフレ経済が修正されていく可能性が高いと思っていますし、実際に日本は少しずつインフレ経済へと進みつつあります。

◎業種や企業規模を問わず、人材が不足している

インフレ経済への転換が健全に進むためには、給与の引き上げが欠かせません。日本政府が緩やかなインフレ方向への経済転換を是としており、企業サイドに給与の引き上げを求め始めていることは皆さんもご存じのとおりです。

実際、ニュースを見ていると大手企業ではベースアップ（全従業員に対して一律で行われる基本給の引き上げ）を実施するところが増えてきています。メガバンクが一斉に新卒初任給を約5万円アップしたことも話題になりました。

仮にインフレ率と同水準で給与が上がれば、私たちの生活は影響を受けません。しかし賃金が3％アップしても、物価が5％上がれば実質的に給与の価値が下がり、生活が苦しくなることになります。

この点、実際に受け取る「名目賃金」から物価変動の影響を差し引いて計算する**「実質賃金」を見ると、今のところ給与引き上げは足元のインフレにまったく追いついていませ**

ん。多くの企業経営者は、デフレ経済の記憶が強すぎてなかなか給与引き上げのペースを上げられずにいるのでしょう。

では、今後はどうなるのでしょうか？

注目したいのは、最近ニュースでよく人手不足の話題を目にするようになっていることです。さらに、**現在の人手不足は特定の業種ではなく全業種に及び、ホワイトカラーはもちろんブルーカラー領域にも広がっている**ことにも目を向けるべきでしょう。

図2－7は日銀短観の雇用人員判断指数（ＤＩ）の推移を産業別・企業規模別に示したものですが、製造業・非製造業を問わず厳しい人手不足の状態にあること、そして大企業から中堅・中小企業まで規模を問わず人手不足が深刻化していることが見て取れるでしょう。

◎「人が採れない」という悲痛な声

私は全国各地の企業経営者と会って話をする機会がたくさんあるのですが、最近は「人が採れない」という悲痛な声を直接聞くことも増えています。

たとえば２０２３年８月には、売上高５億～２００億円くらいの規模の経営者が集まる

図 2-7 産業・企業規模を問わず広がる人手不足
日銀短観 雇用人員判断指数(DI)の推移

産業別

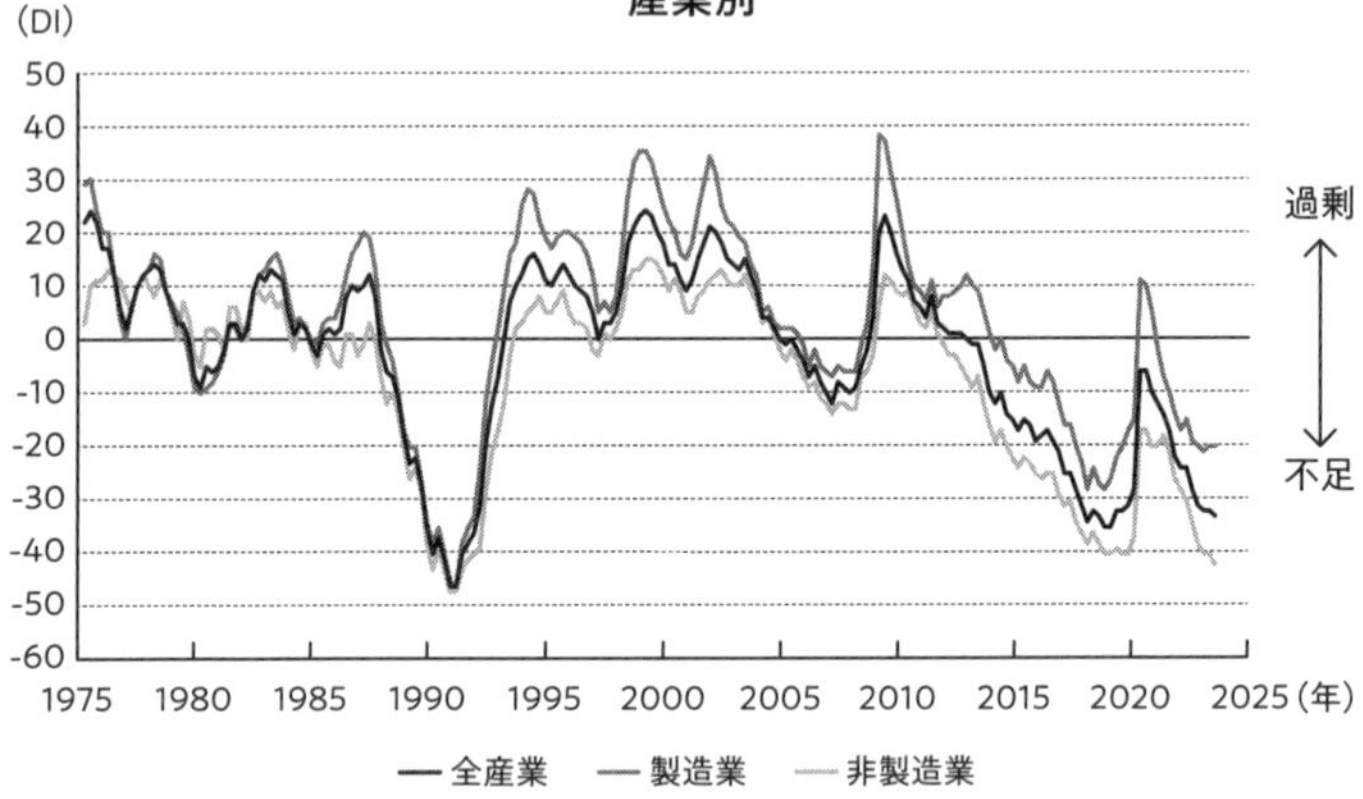

注:全規模合計
出所:日本銀行「全国企業短期経済観測調査」に基づきレオス・キャピタルワークス作成

企業規模別

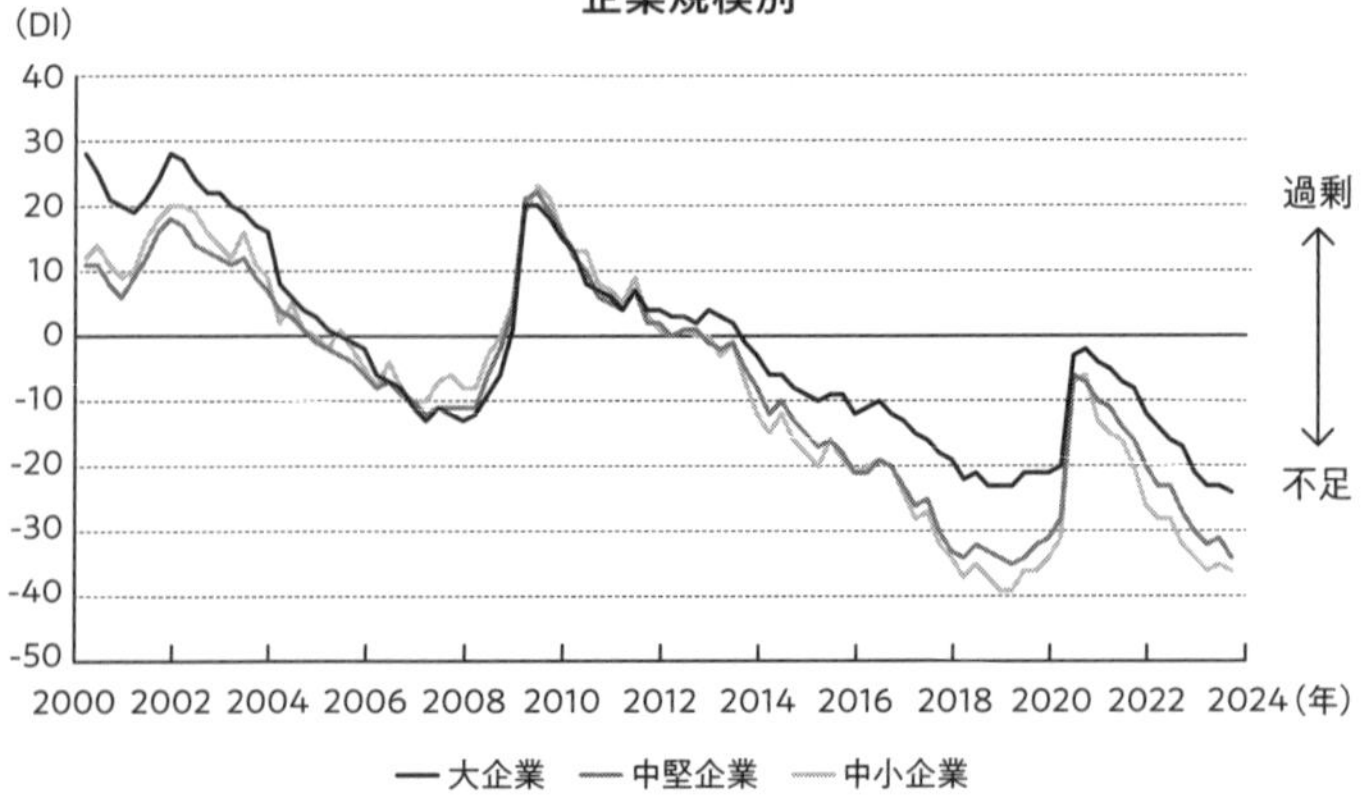

注:全産業
出所:日本銀行「全国企業短期経済観測調査」に基づきレオス・キャピタルワークス作成

会合で講演を行ったのですが、講演後の懇親会で中国地方の建築業界の経営者と話す機会がありました。

その場には14社の社長がいたのですが、すでに8月だというのに、高校・大学の新卒内定者を確保できたのはたったの1社で、残る13社は新卒内定者がゼロだと言って頭をかかえていました。**「戦後以来、空前の人手不足」**だという悲鳴は、けっしてオーバーな表現ではないのだと思います。

◎労働力不足が一気に顕在化した理由

日本では少子高齢化が進み、生産年齢人口の減少は長期で続いてきました。なぜここにきて、急速に労働力不足が顕在化したのでしょうか。

それは、日本がこれまで、**①女性の社会参加率の上昇、②シニアの社会参加率の上昇、③外国人労働者の増加によって労働力不足を補ってきた**からです。

かつて女性は、結婚したら「寿退社」し、「永久就職」して専業主婦になるケースが多く見られました。しかし今では「寿退社」や「永久就職」はほとんど死語になり、結婚しても共働きで仕事を続けることがごく当たり前になっています。

図 2-8　女性の年齢階級別労働力率（M字カーブ）の推移

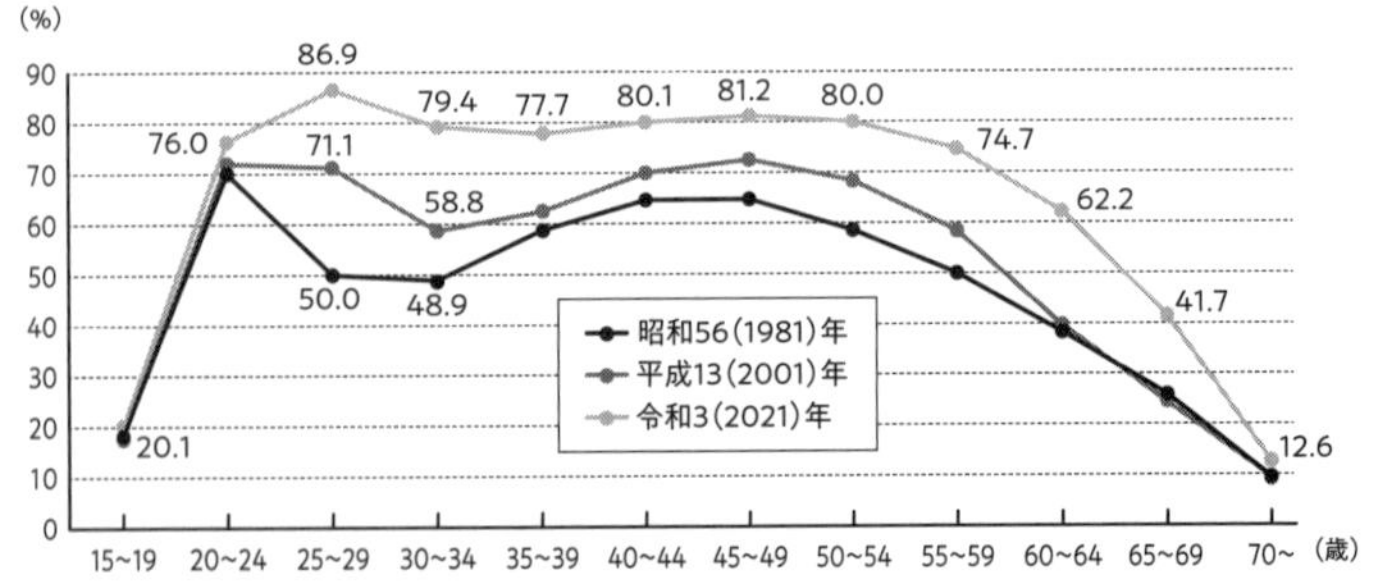

（備考）1.総務省「労働力調査（基本集計）」より作成。2.労働力率は「労働力人口（就業者+完全失業者）」／「15歳以上人口」×100。

女性の年齢階級別労働力率（M字カーブ）について昭和56（1981）年からの変化を見ると、昭和56（1981）年は25~29歳（50.0%）及び30~34歳（48.9%）を底とするM字カーブを描いていたが、令和3（2021）年では25~29歳が86.9%、30~34歳が79.4%と上昇しており、以前よりもカーブは浅くなり、M字の底となる年齢階級も上昇。

出所：内閣府男女共同参画局

また、女性の労働力率（15歳以上の人口に占める労働力人口の割合）は、結婚・出産期に当たる年代に低下して育児が落ち着く時期に再び上昇する「M字カーブ」を描くことが知られていますが、データからは若い世代ほどM字の谷の部分が浅くなってきていることもわかります（図2－8）。これは結婚せずに働き続ける人の割合が高まったことなどが背景です。

共働きの増加や非婚化によって上昇し続けてきた**女性の社会参加率ですが、いまやほぼ限界**に近くなっています。

引き上げる余地があるとすれば、パートやアルバイトで働く女性の正社員化でしょう。現在、パートやアルバイトなどとして

図 2-9　**女性とシニア層の社会参加率は徐々に頭打ち**

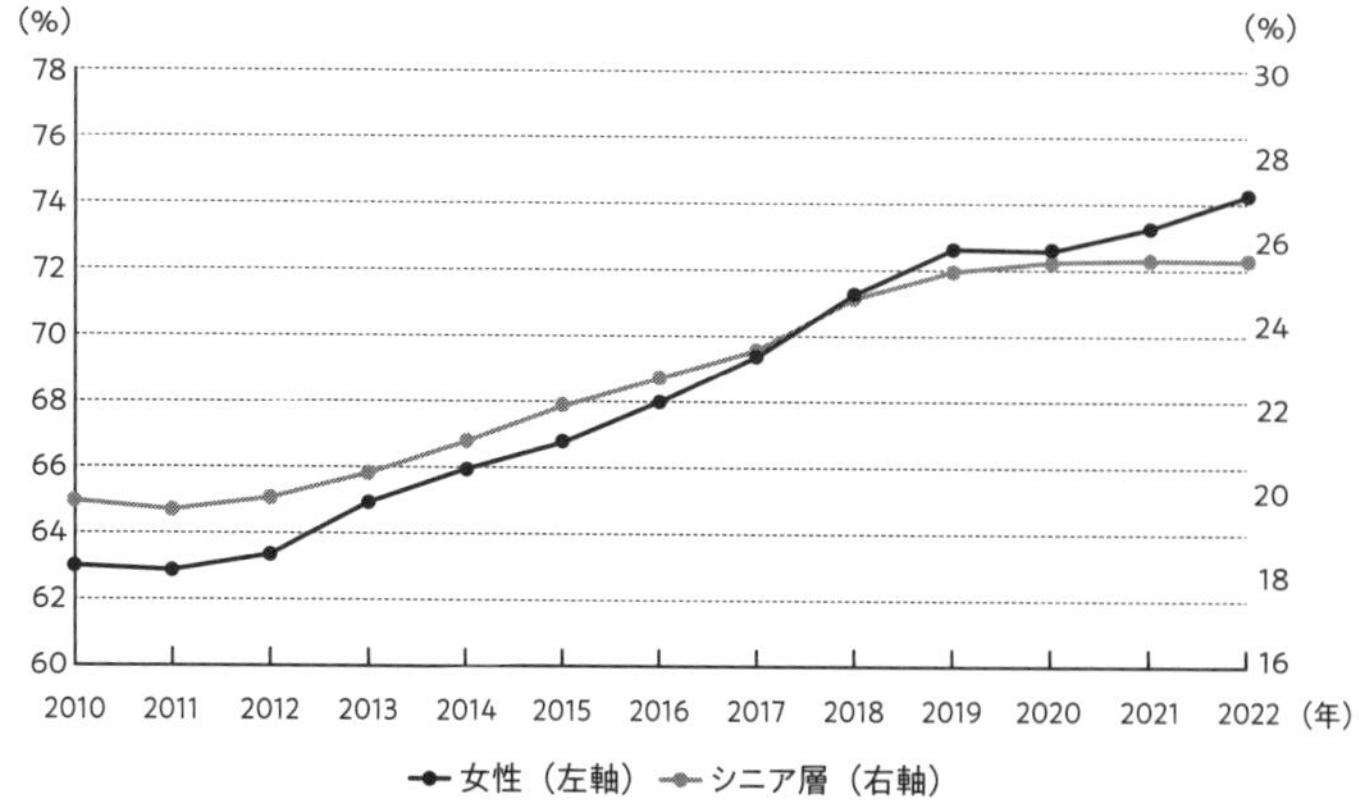

注：シニア層は65歳以上の男女
出所：総務省の掲載情報に基づきレオス・キャピタルワークス作成

働く際に税金や社会保険料の負担が生じる基準となる「年収の壁」問題が注目を集めていますが、パートやアルバイトの正社員化を後押しする施策が機能すれば社会参加率上昇の可能性はあります。しかし、それ以上の手立ては残されていないようにも思います。

シニアについては、かつての「55歳で定年退職して悠々自適」という老後の生活パターンが崩れ、定年年齢は60歳、65歳、70歳と徐々に引き上げられてきました。それに伴って**シニアの社会参加率**は上昇し続けてきましたが、近年は頭打ちになっており、**これ以上の上昇は望めそうにありません**（図2－9）。

頼みとなるのはもはや外国人労働者の増加だけですが、円安によって日本は「稼げる国」ではなくなってきています。足元では**外国人労働者の日本離れ**が起きており、たとえば日本の看護師を目指すフィリピン人の応募数なども激減しているのです。

◎人手不足の深刻化は長期トレンドに

女性とシニアの社会参加率上昇と外国人労働者の増加によって何とか人材が供給されつつも、日本の労働力不足は確実に進んできました。しかしこの数年間はコロナ禍で需要が大幅に縮減していたので、**人手不足が覆い隠されていた**のです。

改めて図２－７を見ていただくと、コロナ禍で一時的に人手不足が目立たなくなっていたことがわかるでしょう。それが、コロナ禍が明けて経済が再起動し、需要が戻り始めると、日本の労働力不足が一気に顕在化したのです。

図２－10は、日本の総人口と生産年齢人口の推計です。今後は一層の少子高齢化により、生産年齢人口は総人口を上回るペースで減少する見込みです。２０２２年の新生児が80万人を下回るなど、コロナ禍の影響もあって少子化はさらに加速していますから、人手不足の深刻化は長期トレンドとして定着することが確実と言えます。

図 2-10 **生産年齢人口は総人口を上回るペースで減少する見込み**

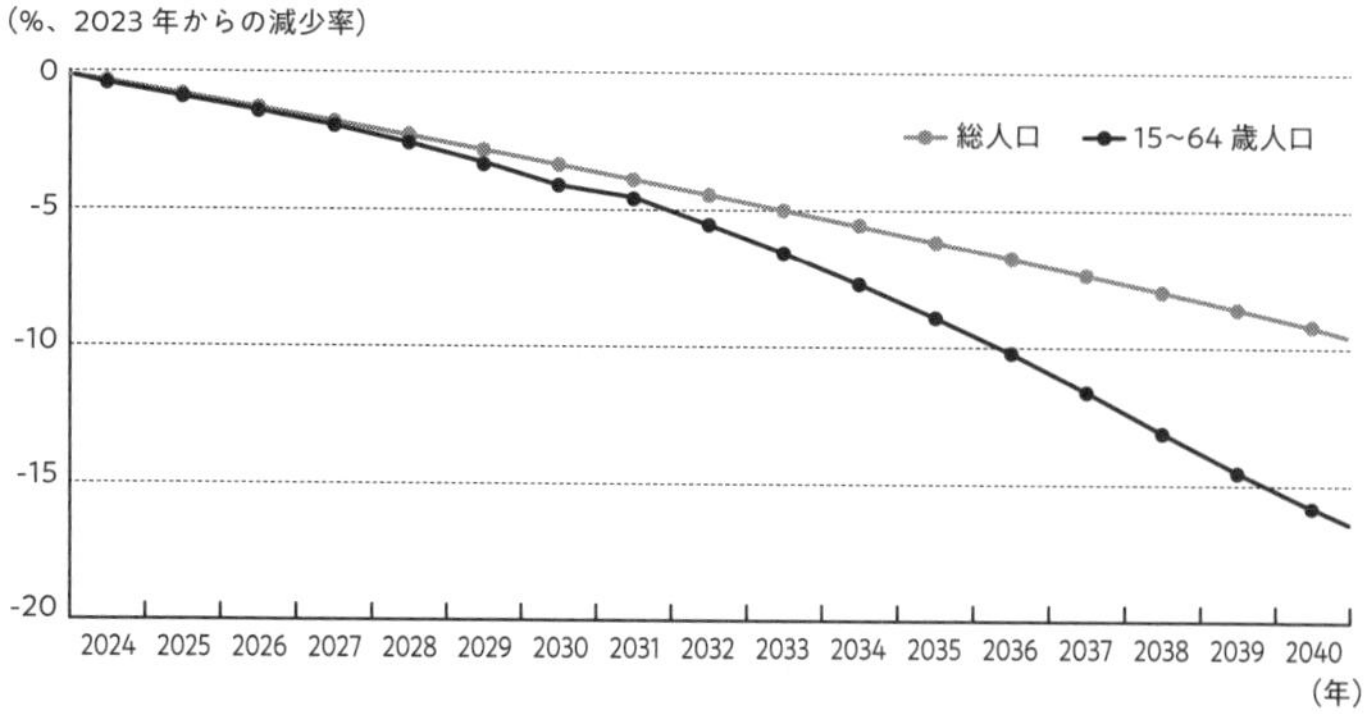

注：令和5年推計。出生中位、死亡中位の推計
出所：国立社会保障・人口問題研究所の掲載情報に基づきレオス・キャピタルワークス作成

◎労働力不足がインフレの大きな要因になる

人手不足というのは、悪いことばかりではなく、ポジティブな影響ももたらします。

1つは、**労働者の待遇改善**です。人手不足は「労働者の相対的地位の上昇」を意味します。今後は、競争力があって自社の商品・サービスの値上げを実施でき、それによって給与など従業員の待遇を改善できる企業だけが生き残って成長していくことになるでしょう。一方、競争力がなく値上げができず、従業員の待遇を改善できない企業は、働き手を集めることが難しくなって市場から退出せざるを得ないでしょう。

つまり、**労働力不足が日本にインフレを引き起こす大きな要因になる**のです。

これは会社経営者にとっては厳しい話ですが、働く人たちにとってはポジティブです。勤務先の会社に競争力がなければ倒産してしまうかもしれませんが、人手不足の状況ですから、探せば転職先は見つかるでしょう。

「給料を引き上げられない会社が倒れ、給料を引き上げられる会社が生き残る」という状況になれば、全体的には給与の上昇につながります。米国の給与上昇のメカニズムと同じです。

◎企業の省力化投資は加速する

人手不足のポジティブな影響をもう1つ挙げるとすれば、**企業側がより省力化投資に努めざるを得なくなる**ことでしょう。今後、デジタル化などによる効率化や、より人手がかからないようにするための仕組み化、無人化、ロボット化などが加速することは間違いありません。企業側は新たな設備投資をする必要がありますし、それを怠る会社は競争力を失うことになるでしょう。

一方、**ネガティブな影響として考えられるのは需要の減速**です。人口が減れば当然、消費も減ることになりますし、これはデフレ要因や経済の停滞要因になる可能性がありま す。必然的な需要の減速を、1人あたりの消費の増加やインバウンド消費、輸出などに よってどれだけ埋められるかが、ネガティブな影響の大きさを決めることになるでしょ う。

◎さらなるインフレ要因

インフレ要因は枚挙にいとまがありません。カーボンニュートラルの動きはまったなしです。日本で暮らしていると気候変動の直接的な被害を実感しにくいかもしれませんが、世界に目を転じれば、気候変動が引き起こしていると見られる大規模災害が多数起きているのです。欧州を中心に、世界では気候変動問題に対する切迫感が高まっています。

カーボンニュートラルに向け、現在は化石燃料の消費の削減と、それを補う自然エネルギーの利用等が推進されています。世界と日本の発電電力量と電源別の内訳を見ると、特に世界では再生可能エネルギーの占める割合が高まっていることがわかります（図2－11）。

図 2-11 世界では再生可能エネルギーが占める割合が高まっている

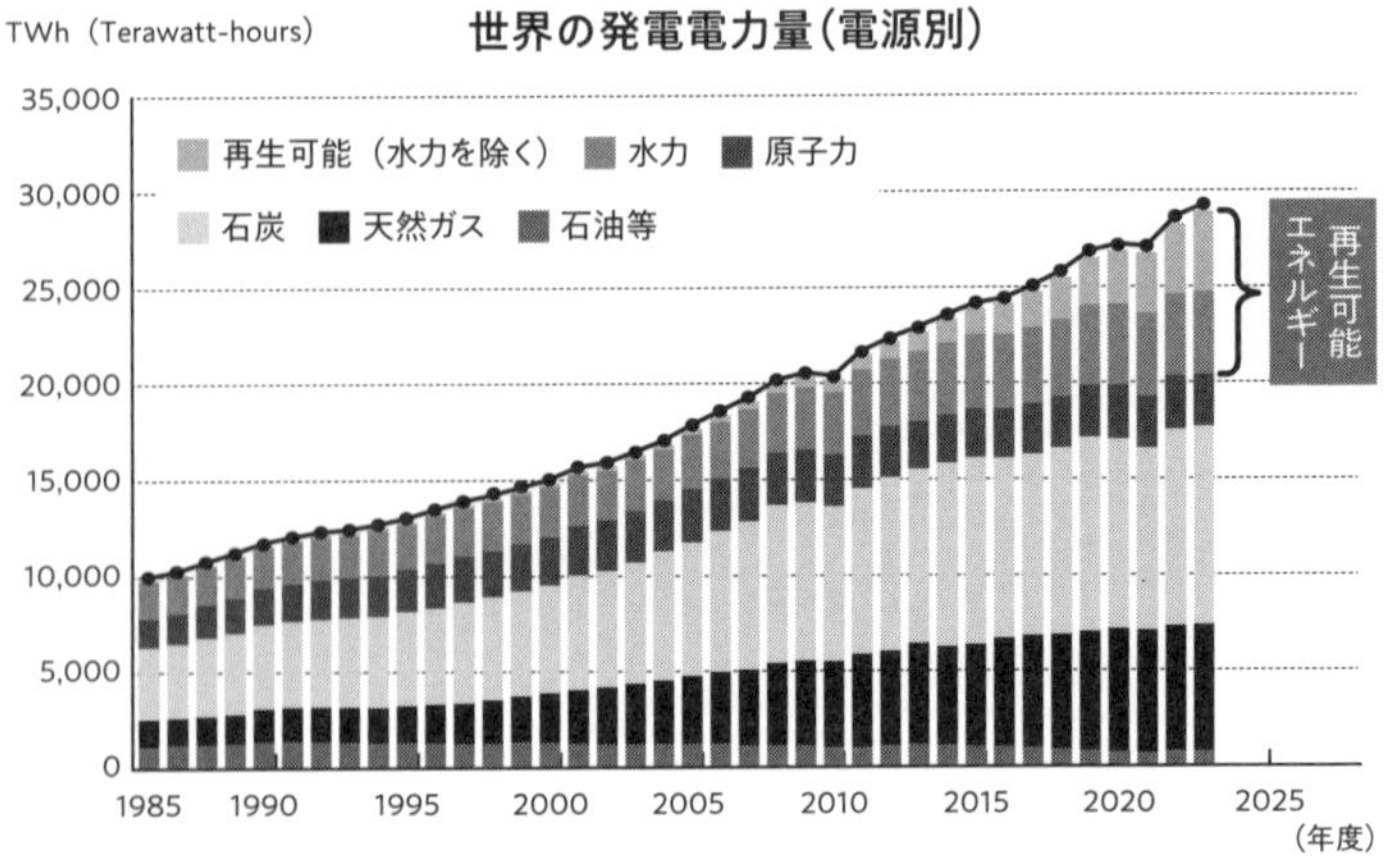

出所：Energy Institute Statistical Review of World Energy 2023よりレオス・キャピタルワークス作成

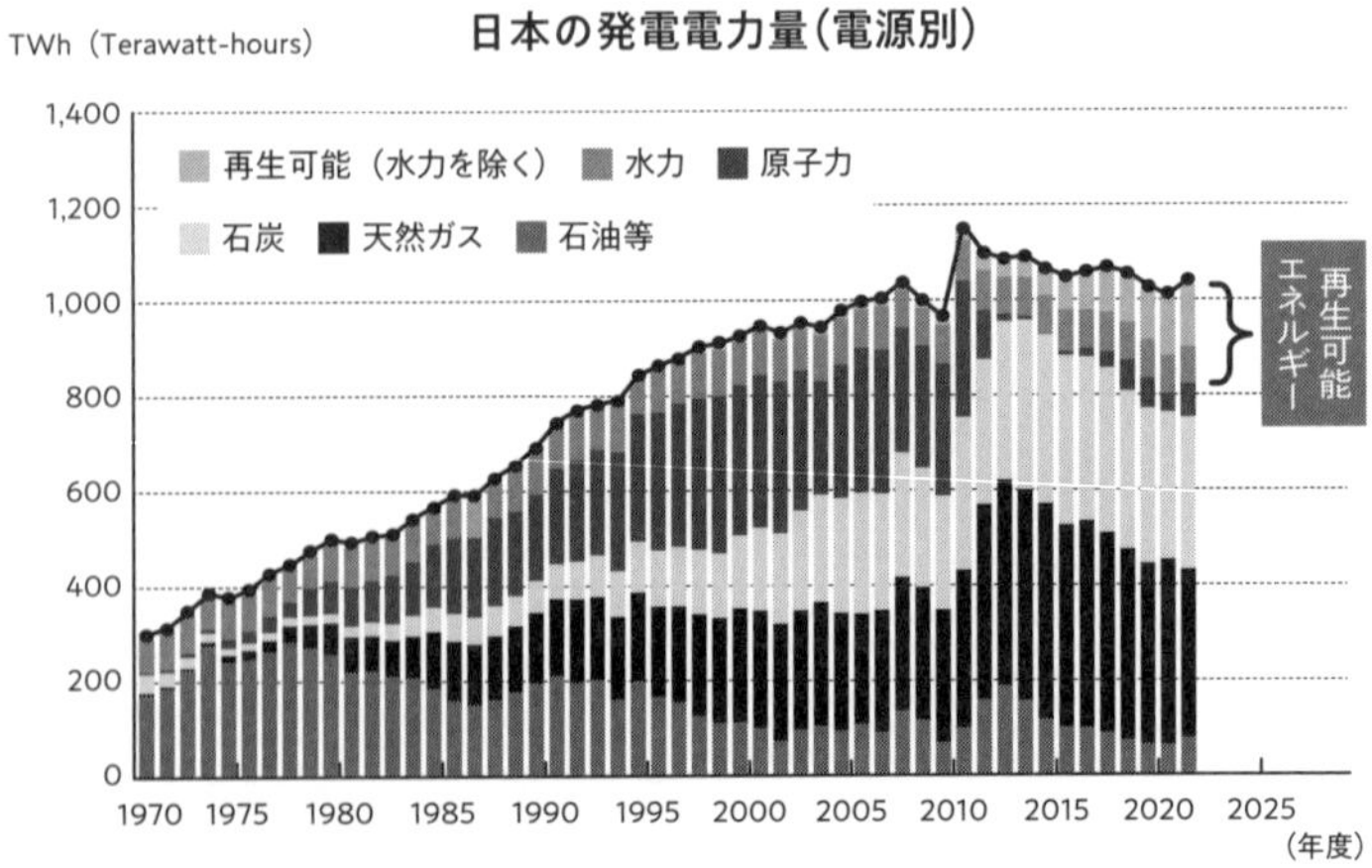

出所：資源エネルギー庁「総合エネルギー統計」よりレオス・キャピタルワークス作成

この点、今後懸念されるのが**電力需要の急増**です。生成ＡＩの普及は始まったばかりですが、普及が加速すれば莫大な電力需要を生み出すことになるでしょう。今のところ、電力は自然エネルギーだけでまかなうことはできません。長期的には核融合エネルギーなどがゲームチェンジャーになりうる可能性がありますが、少なくとも10年単位ではまだ有意な発電量にならないと考えられています。

またＥＶ（電気自動車）化も、脱炭素を推し進めるための施策の１つです。しかしＥＶ化が進めば、リチウムなどの希少資源の需要がさらに爆発することになります。今後、**天然資源価格の上昇**は避けられないでしょう。中国の景気後退による需要の減少は商品市況の緩和要因になる可能性がありますが、それも限定的ではないかと思います。

つまり、天然資源や電力の需要は減らず、むしろ増加すると考えるのが自然なのです。今後は資源や電力の確保がこれまで以上に重要な社会課題になると考えられますし、電力価格や資源価格が長期的に下落していく見込みは非常に少ないと思います。

私は、日本においてインフレ経済はすでに始まっており、長期的に続くと考えてよいと見ています。

3

日経平均は上がるしかないが、日経平均10万円の世界が幸せとは限らない

◎インフレで日経平均が上がるのは自明の理

ここまでの話を受けて、皆さんに考えてみていただきたいことがあります。

10年後、私たちは、吉野家の並盛の牛丼を1杯470円程度で食べられるのでしょうか？

私は、同じ品質のものを10年後に食べるためには最低でも1杯1000円は支払う必要があり、場合によっては1500円程度になっている可能性もあるだろうと思っています。先にご説明したように、現在アメリカで吉野家の牛丼価格はすでに1500円ほどになっているのです。10年後、日本で1500円程度になっていても、まったくおかしくはありません。

このような環境下では、日本の株式市場も上昇する可能性が高まります。株式市場は名目経済の動向を強く反映するので、**インフレが続くことは株式市場上昇の可能性を意味するる**からです。ですから私は、10年後に日経平均株価が今の3倍程度の10万円になるというのは、それほど奇妙な話ではないと思っています。それどころか、今後の世界経済の動向などを考えれば、むしろそうならないと考えるほうが不自然さがあると思うのです。

◎インフレ時代に日本社会に起きる変化

インフレ時代には、日本の経営者もデフレ時代と比べて大きく変化していく可能性が高いでしょう。第1章で述べたように、世界の投資家や株式市場に目を向ける会社経営者は増加傾向にありますが、今後は経営者の若返りとそれに伴う意識の変化、グローバルな環境での経験値の上昇なども加わって、このトレンドがさらに加速するに違いありません。

新しい時代の経営者は、持続可能な経営を目指しながら、ＲＯＥの向上などを企業経営の目標に掲げていくことになるでしょう。そして今後は、**日本の大企業には有利な環境になる**と考えられます。デフレ時代とは違って「持つ経営」、つまり資産や人手を抱える経営がプラスの価値になる時代を迎えるからです。

もちろん、大企業ばかりが勢いを増すというわけではありません。私は、政府が掲げる**スタートアップ支援が、長期的には日本経済の成長率を押し上げる**だろうと見ています。

かつて日本では起業意欲のある若者が少ないと言われてきましたが、教育環境や親の意識も変化してきています。私が長年にわたって大学でベンチャー起業論などの講義を行い学生の皆さんとコミュニケーションする中でも、若者の仕事に対する考え方や起業に対する受け止め方がひと昔前と大きく変わってきていることを強く感じているのです。

また、私はエンジェル投資家として日々多くの起業家とも会って話をしていますが、日本の起業家は質・量ともに大きく向上しています。今の20代には藤井聡太さんや大谷翔平さんのように突き抜けた天才が生まれてきていますが、起業家の中にもそのような若者が生まれつつあるのです。

たとえば「スキマバイトアプリ」を展開する**タイミー**の創業者・小川嶺さんはその代表格といっていいでしょう。２０１８年にタイミーのサービスを開始した当時、小川さんは21歳の大学生でした。２０２３年現在では、タイミーは５００万人を超えるユーザー（ワーカー）を持ち、４万６０００近い事業者がワーカーの募集に利用するほどの巨大サービスに成長しています。資金調達額は４００億円を超えており、しかもこのうち

３００億円ほどは、メガバンク等の金融機関から融資を引き出しているのです。これは未上場企業としては非常に稀なことであり、タイミーがいかに信用力を高めているかが窺えます。

株式市場についていえば、中小型銘柄や成長銘柄が多く集まるグロース市場は、足元ではいくつかの要因で低迷しています。しかし期待が持てるスタートアップ企業が次々と登場していることを考えれば、10年後には次の日本を牽引するような会社が数多く現れ、時価総額上位企業の中にも今とは異なる顔ぶれが並ぶことになるのではないかと思います。

◎「日経平均10万円」は、けっして強気ではない

「日経平均株価10万円」は、**①インフレの進展、②大企業の変化、③次なる希望を示す新興企業の台頭**の３つが揃わなければ達成しないかもしれませんが、私は大企業の変化と新興企業の台頭については楽観しています。「10年後に日経平均は10万円になる」と言っているのは冗談ではなく、本気です。

ちなみに、レオス・キャピタルワークスが運用しているひふみ投信の現在の基準価額は、約６万円です。日経平均株価が10年後に現在の３倍になって10万円に達しているとす

れば、当然、ひふみ投信の基準価額も3倍にはなっていなければなりません。つまり日経平均10万円時代には、ひふみ投信の基準価額は18万円。さらに、市場価値を上回る運用を目指すアクティブファンドとして結果を出すことができれば、3倍ではとどまらず4倍や5倍にすることは不可能ではないと思っていますし、お客様のためには「10年後に基準価額30万円」を本気で目指すべきだと考えています。

私が強気な話をしているように思えるかもしれませんが、実はそうとも言えません。それは「日経平均10万円、ひふみ投信の基準価額30万円」の世界が、「素敵な未来」になるのか「残酷な未来」になるのかは人によって大きく分かれるはずだからです。

◎インフレ下では「格差」が拡大する

インフレでは、株式や不動産などの資産が値上がりしやすいので、これらの資産を持っている人にとってはインフレが有利に働きます。逆に厳しいのは現金で、ただ置いておけば価値がどんどん目減りします。

つまり**デフレからインフレに転換するということは、「株式や不動産を持っている富裕層に恩恵がある」ということ**です。

今、日本の資産全体のうち、富裕層の上位１％が保有する割合は20％強です。「上位１％が２割も持っているのか、格差社会だな」と思うかもしれませんが、世界の中ではこの割合は低いほうで、米国では富裕層上位１％が国内資産全体の40％以上を支配しています（「格差の国際比較と資産形成の課題について」日本証券業協会２０２２年２月）。

なぜこれまでの日本では富裕層の資産保有割合が高まらなかったのかと言うと、ここ30年間は株や不動産があまり上昇しなかったからです。これからインフレが始まれば、日本でも貧富の差が拡大していくことになるでしょう。そして、株や不動産を持っていない人、「資産はあるけれど現預金だけ」という人は、インフレのもと、**現預金の価値の目減りで大きなダメージを受ける**はずです。

４

「投資は悪」の思い込みから脱却し、インフレ下の格差拡大を乗り越える

◎「老後資金２０００万円問題」があぶり出した本質的な問題

皆さんは「老後資金２０００万円問題」を覚えているでしょうか。

２０１９年、日本ではこの問題が大きな議論を巻き起こしました。背景にあるのは、高齢化が急速に進む中、公的年金だけでは老後の生活をまかないきれないのではないかという多くの人の不安です。

２０１９年に金融庁が公表した「金融審議会 市場ワーキング・グループ報告書『高齢社会における資産形成・管理』令和元年6月3日」の中には、夫婦2人が老後に無職となって年金収入で生活する場合、公的年金だけでまかないきれない分を取り崩していくためには約２０００万円の資金が必要との試算が示されていました。この報告書が公表され

ると、「２０００万円もの資金をどうやって準備すればいいのか」という疑問が噴出し、大きな話題になったのです。

このときに私が改めて気づかされたのは、日本の識者と言われる人たちやメディア、政府関係者、金融業界、個人投資家など、あらゆる関係者が金融に対するリテラシーを欠いているという事実でした。

もちろん、以前からそのことはわかっていたつもりでしたが、「老後資金２０００万円問題」に対するこれらの人たちのコメントを聞き、**「金融リテラシーの欠如は思っている以上に深刻だ」**ということを突きつけられたのです。しかもそのことを自覚している人はごく少なく、「金融のことを知らないのは、むしろ社会的に真っ当な人」と見なすかのような価値観さえ存在していると感じます。

この問題は、金融知識の有無だけにとどまるものではありません。**「節約してお金を貯めておけばいい」**というデフレ的な生き方、**「絶対に損はしたくない」**とリスクを取ることを避ける**非投資的な生き方が、そのまま人生の価値観の柱になっている**人がたくさんいるのが今の日本なのです。

「老後資金２０００万円問題」によってあぶり出された事実を前に、私は「デフレ的・非投資的な生き方をする人と、投資をする人との間で、これから大きな格差が生じることは間違いないだろう」と思いました。

今までは、投資をしなくても何とかなったかもしれません。デフレ時代は、ただ現預金を持っているだけでその価値が上がり続けたからです。しかし私の目論見どおりにインフレの時代になれば、投資をする人としない人の格差はこれまで以上に大きくなりますし、**「投資をしなければどうにもならない」というケース**も出てくるでしょう。

◎「投資は悪」という概念が染み込み、豊かになれない日本

「デフレ的・非投資的な生き方」と述べましたが、言葉を選ばずにいえば、日本には「投資は悪」という概念が染み込んでいます。

図2－12は、「資産運用・資産形成に関するイメージ」を調査した結果です。投資経験がある人もない人も含め5000人を超える回答者がどのように答えているのかを見ると、1位は「勉強が必要（36・8％）」、2位は「リスクが高い（32・8％）」、3位は「損をする・怖い（31・3％）」。4位以下も「商品が難しい」「面倒」「騙されそう」「富裕層向け」「ギャンブル」といったように、ネガティブなイメージがこれでもかというほど並ん

図 2-12 「資産運用・資産形成」に関するイメージ(複数回答可)

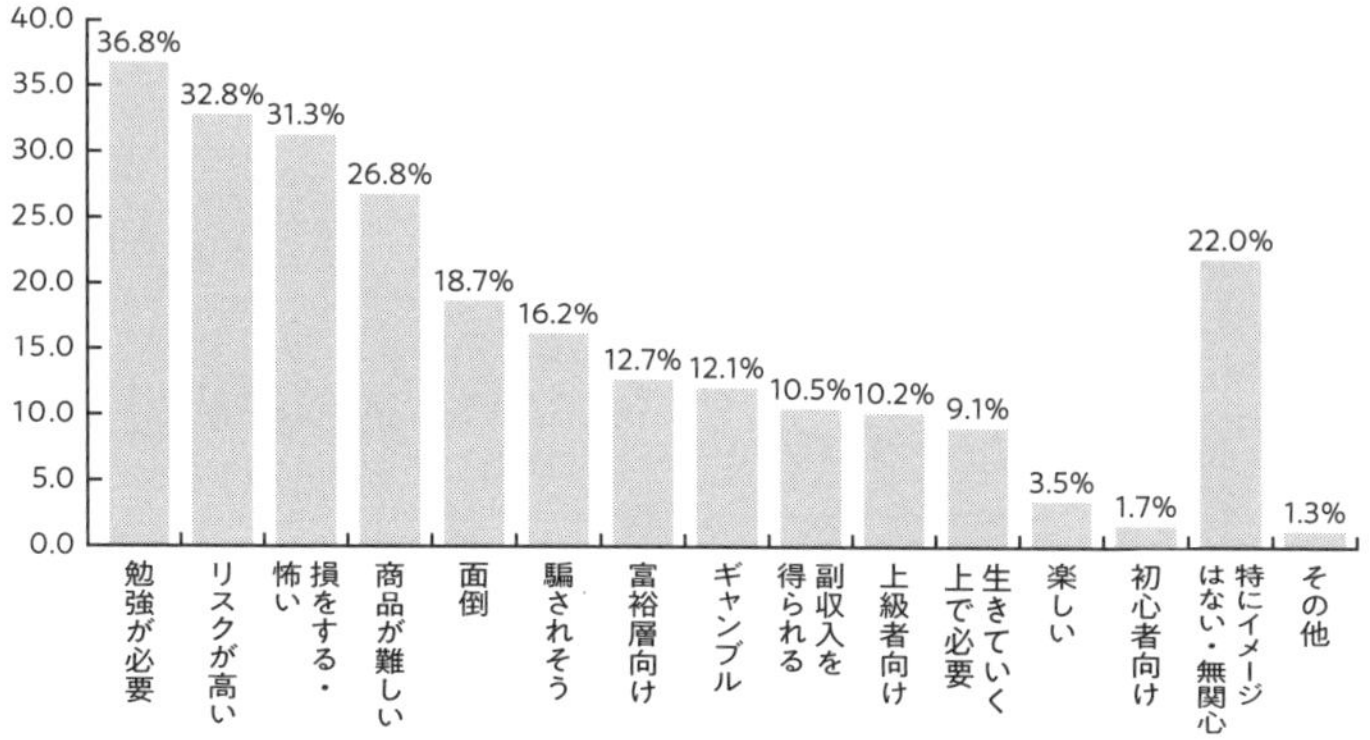

注：QUICK資産運用研究所、第9回「個人の資産形成に関する意識調査」を基に作成。
回答者数5075

でいます。一方、「副収入を得られる」という回答は10・5％、「生きていく上で必要」は9・1％、「楽しい」はたったの3・5％に過ぎません。

そしてこの投資に対するネガティブなイメージは、メディアでよく取り上げられる「欧米と日本の違い」につながっています。

図2－13は、日本、米国、ユーロ圏で家計の金融資産構成を比較したグラフです。**日本は金融資産に占める「現金・預金」の割合が高く、55％近く**を占めています。株式や投資信託等の投資商品は15％程度に過ぎません。一方、**アメリカでは現金・預金は13％程度**で、株式と投資信託は合わせて50％を超えていますから、日本とはほぼ真

図 2-13　家計の金融資産構成の日米欧比較

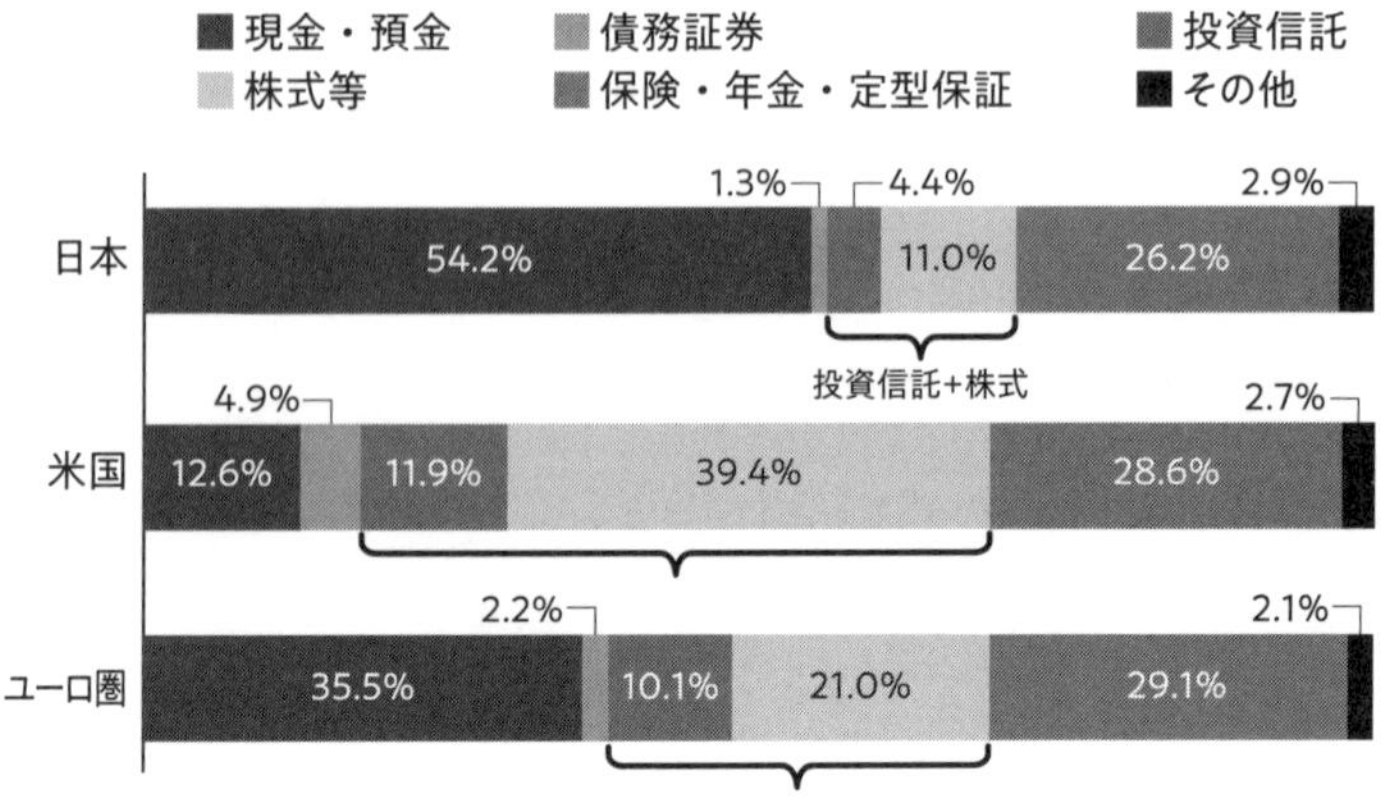

出所：2023年8月（データは2023年3月末現在）『日本銀行 資金循環の日米欧比較』の掲載情報を基にレオス・キャピタルワークス作成

逆の構成といっていいでしょう。**ユーロ圏はアメリカと日本の中間くらいで、現金・預金が35%以上**、株式と投資信託を合わせると30%程度です。

このような家計の資産構成の違いは、どのような結果をもたらしているのでしょうか。

図2－14は、日本、米国、英国の家計の金融資産の推移を示したグラフです。過去20年間で、**アメリカでは家計の金融資産が3・4倍**に増えており、そのうち2・6倍は投資商品で上がった**運用リターン**によるものです。イギリスでは同期間に家計の金融資産が2・3倍になり、このうち1・6倍が運用リターンによるものでした。一方、**日**

図 2-14 「投資」をしないで貯め込んでばかりの日本の現状

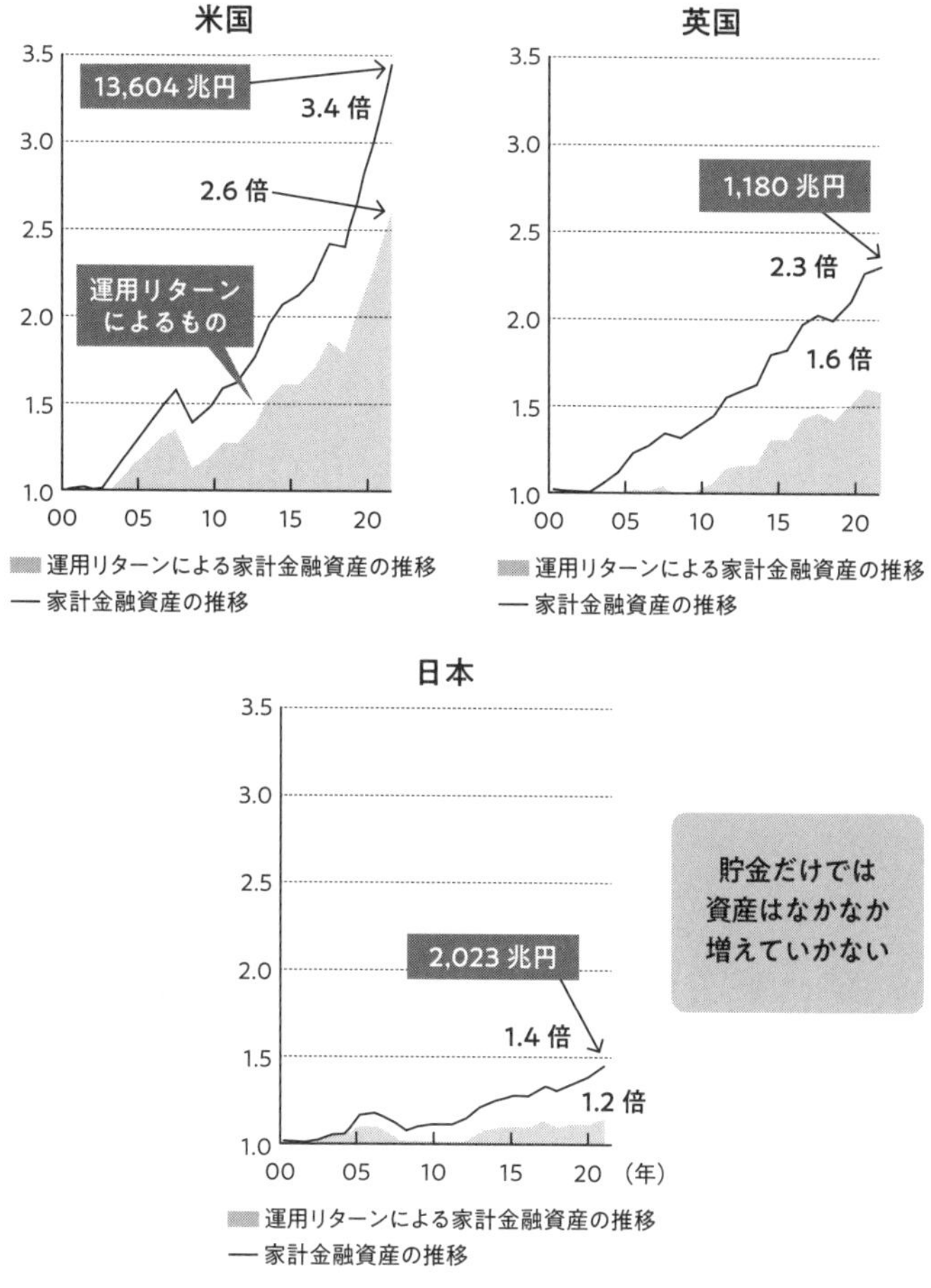

出所：日本証券業協会「中間層の資産所得拡大に向けて
～資産所得倍増プランへの提言～」(2022年7月20日)

本は20年かけて家計の金融資産がたった1・4倍にしか増えていないのです。

データからわかるのは、投資商品を避けて預貯金を抱え込んできた結果、**日本が豊かになるチャンスを逃してきたという事実**です。

◎お金に支配されてしまう「マネー障害」

私はこれまで、20年以上にわたって投資の意義や楽しさを伝えようと頑張ってきました。頑張り続けてきたからこそ、「投資は悪」というイメージの根深さ、投資に踏み出してもらうことの難しさを実感しています。

日本人は、なぜこれほど「投資は悪」だと思い込んでしまっているのか。

この疑問に対して、考えるヒントをもらったのが『「お金の不安」をやわらげる科学的な方法　ファイナンシャル・セラピー』（上原千華子著、日本能率協会マネジメントセンター）という本です。

この本では投資は怖いと思ってしまう理由などを「お金×心理学・脳科学」から分析しているのですが、私がハッとしたのは**「人は大なり小なり『マネー障害』を持っている」**という指摘です。

図 2-15 マネー障害の分類

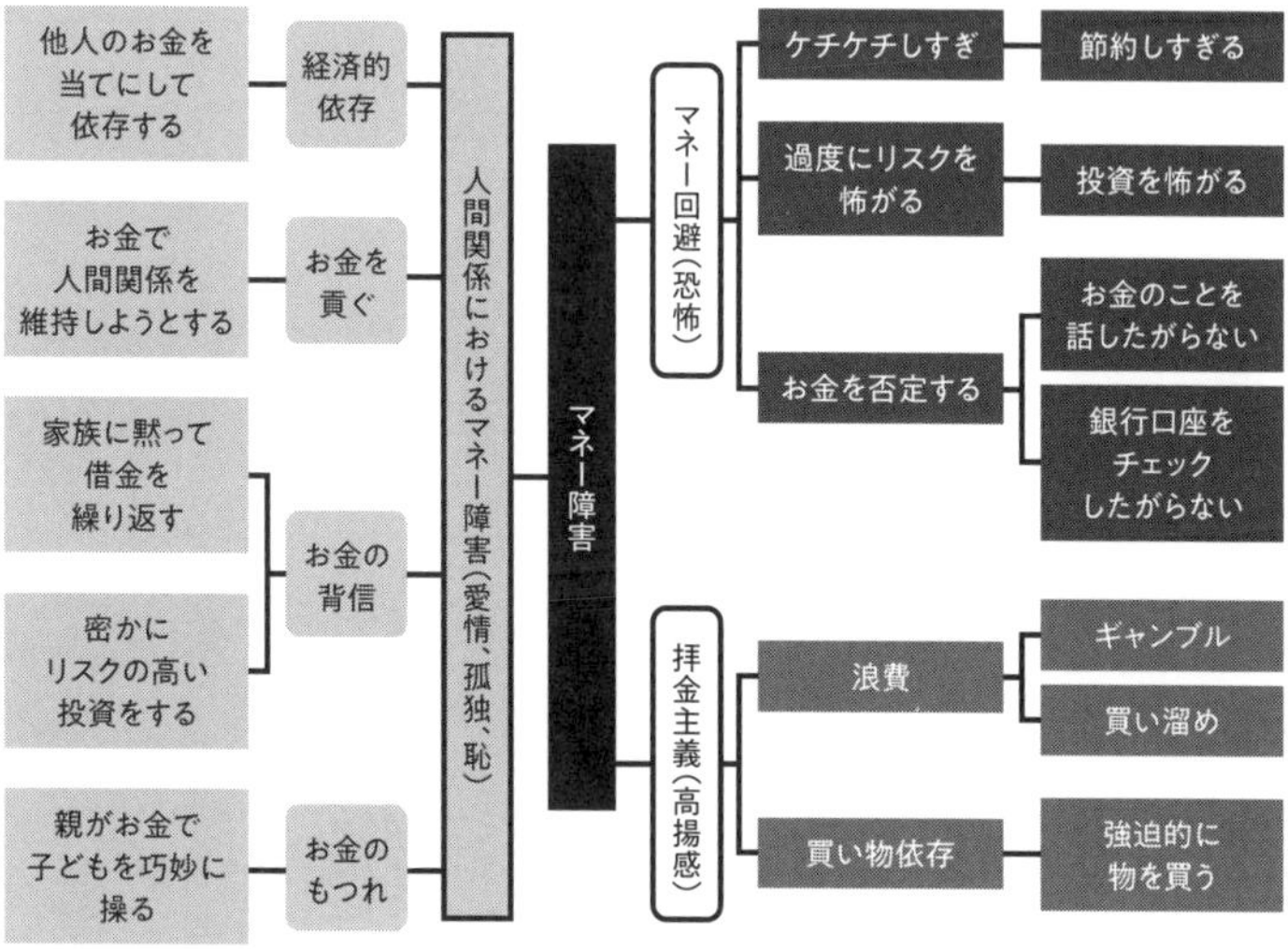

出所：上原千華子『「お金の不安」をやわらげる科学的な方法 ファイナンシャル・セラピー』（日本能率協会マネジメントセンター）

マネー障害は大きくは「マネー回避」と「拝金主義」に分類されます（図2−15）。「節約しすぎる」「投資を怖がる」「お金のことを話したがらない」といったことは多少なりとも思い当たる節があるという人がたくさんいるのではないかと思いますが、これらは「マネー回避」という障害と考えられるのだといいます。

たとえばお金が十分にあるのに欠乏感がぬぐえなかったり、お金がなくなってしまう不安から逃れられなかったりして、節約しすぎてしまう。そして、お金を使うことに罪悪感を覚えてしまうというのは、まったくめずらしいことではないでしょう。

けれど「楽しむためにお金を使う」「感謝の印としてお金を使う」「スキルアップのためにお金を使う」といったことができず、お金に支配されている状態というのは健全とはいえません。また、**人生とお金の話は深く結びついているのにもかかわらず、お金のことを話すのを避けるのは不自然**でしょう。

これまでの日本では、このような状態を「障害」と考えることはなかったように思います。しかし「投資は怖いものであり、悪である」という強固な思い込みも、ある種のマネー障害から生まれているのだとすれば、まずは一人ひとりが自分の心理状態に目を向けてみることからスタートすべきなのかもしれません。

◎「マネー回避＋インフレ」の厳しさ

マネー回避の傾向がある人の気持ちを考えると、いくら「インフレになるから株や投資信託を買ったほうがいい」と言われても、なかなか「そうか、投資を始めてみよう」とは思えないだろうという気がします。株や投資信託は値動きがありますから、投資したお金がマイナスになることもあるからです。もちろん、長期で投資すること、投資先を分散すること、積み立てで投資のタイミングを分散することなどによって**リスクを抑えて投資をすることは十分に可能**ですし、私も常にそのような方法をお勧めしています。それでも「お金がなくなる不安」が強い人にとっては、「一時的であれ、投資したお金が減ってしまう可能性がある」ということは受け入れ難いのではないでしょうか。

ただ、一方で私が心配しているのは、そのような障害に気づかず**「投資は悪であり、節約してお金を貯めていればいい」と考えてしまう人にとって、これからの時代はかなり生きづらくなる**だろうということです。マネー回避の傾向は、お金の価値が上がり続けるデフレ時代であれば、生活を圧迫することにはならなかったかもしれません。しかしインフレ時代になれば、先にご説明したように厳しい結果を招く可能性があります。

ですから私は、マネー回避の傾向を持つ人の気持ちに寄り添いながら、これまで以上に力を入れて投資の本質的な意味や社会的意義を伝えていかねばならないと思っています。

◎投資とは「世の中をよくして明るい未来をつくること」

では、**投資の社会的意義**とは何でしょうか。

株式投資をすると、株価が上がれば値上がり益を得ることができますし、企業が利益を出せば配当をもらえることもあります。つまりお金を投資することで、リターンとしてお金が返ってくることが期待できるわけです。

株式投資をしている個人投資家の方からすれば、「何を当たり前のことを言っているんだ」という話でしょう。しかし大事なのはここからで、**私が考える株式投資のリターンはお金だけではありません。**

私が株式投資をする目的の中でも投資家としてずっと大事にしてきたのは、「世の中をよくして明るい未来をつくること」です。

「株式投資はお金でお金を稼ぐもので、汚い」といったイメージを持っている人からすると、きれいごとに聞こえるかもしれません。しかし実のところ、**「世の中をよくして明るい未来をつくる」ことを目指す株式投資は、そのまま利益を追求することでもある**のです。

私はファンドマネージャーとして、「成長する会社」を中心に投資をしてきました。成長する会社とは、具体的に言えば「利益を上げ続けていける会社」です。

株式市場というのはとてもフェアなもので、どんな会社でも、利益が上がればそれに連動して株価が上がります。長期的に見れば、ＥＰＳ（１株あたりの利益）と株価の動きは一致するのです。会社の規模や知名度はまったく関係ありません。

では**「利益を上げ続けていける会社」とはどんな会社なのかを考えると、結局のところ「真面目な会社」**なのです。

もちろん短期的には、株主や従業員やお客様のことを考えないような「不真面目な会社」が利益を上げて株価が上昇することもあります。しかし長期的に見れば、そのような会社はやがて凋落します。値段が高すぎたりニーズがなかったり品質が悪かったりする「適切でない商品・サービス」は、いずれ必ず淘汰されていくからです。

資本主義社会において、お客様をはじめとするステークホルダーから正しい方法で信用を得られなければ、長期的に利益を上げ続けていくのはほとんど不可能でしょう。

お客様のことをきちんと考え、従業員を大切にし、株主に報いようと努め、社会に貢献することを目指す**「真面目な会社」に投資をする。**そのことが世の中をよくする循環を生み、「明るい未来」というリターンをもたらし、投資した人はお金というリターンを得て豊かになれる。

これが、私の根底にある「株式投資」の考え方です（図２－16）。

図 2-16 **株式投資の本質は「社会貢献」**

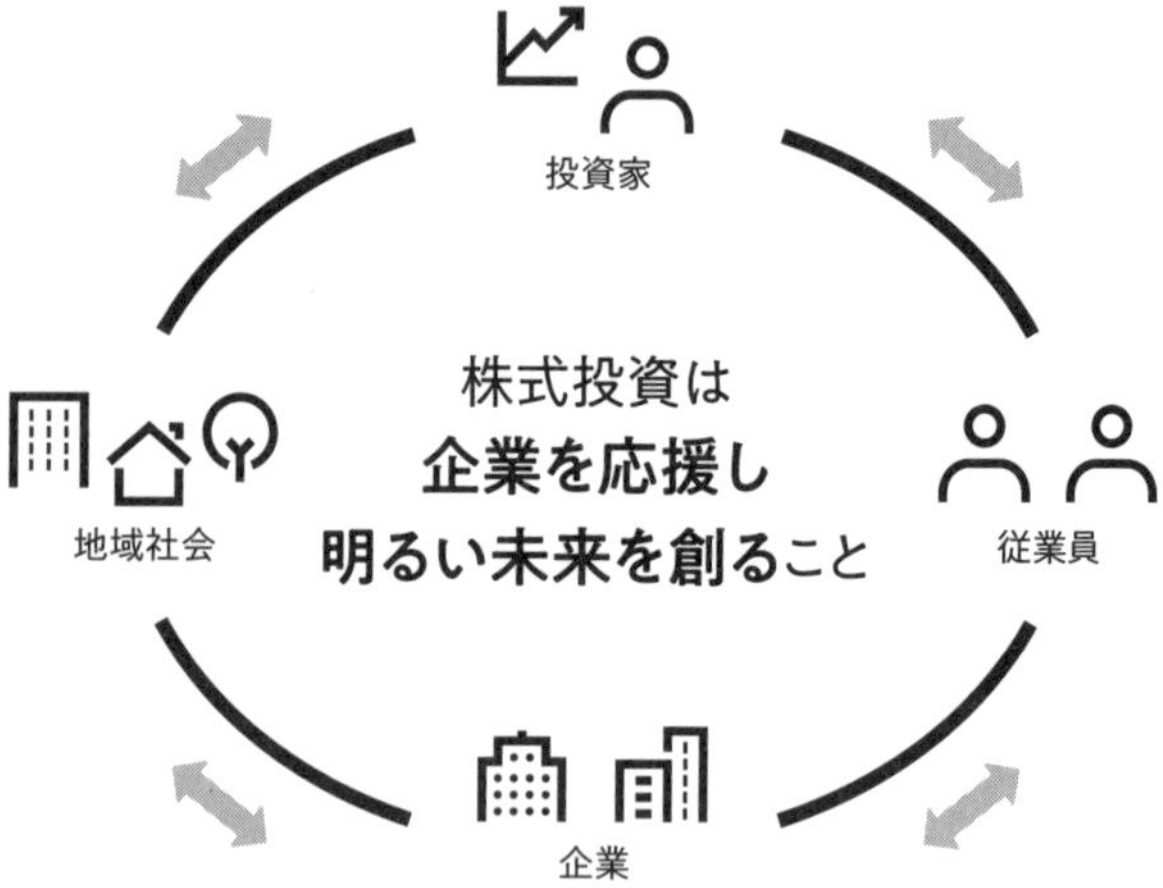

◎デフレで「仕事嫌い」「会社嫌い」になった日本人

株式投資をすることは、投資先の企業を支持し、応援することにほかなりません。

ですからそもそも「会社」というものに対する信用がなければ、会社にお金を投じる「株式投資」についても悪いイメージがつきまとうのは無理もないことだと思います。

この点、私は今の日本でマネー回避の傾向が強まって「投資は悪」という考えが深く根づいた背景に、**「デフレによる仕事の価値の低下」**もあったのではないかと考えています。

およそ30年にわたるデフレ時代、企業は

図 2-17 長引くデフレが仕事の現場に深刻な影響をもたらしてきた

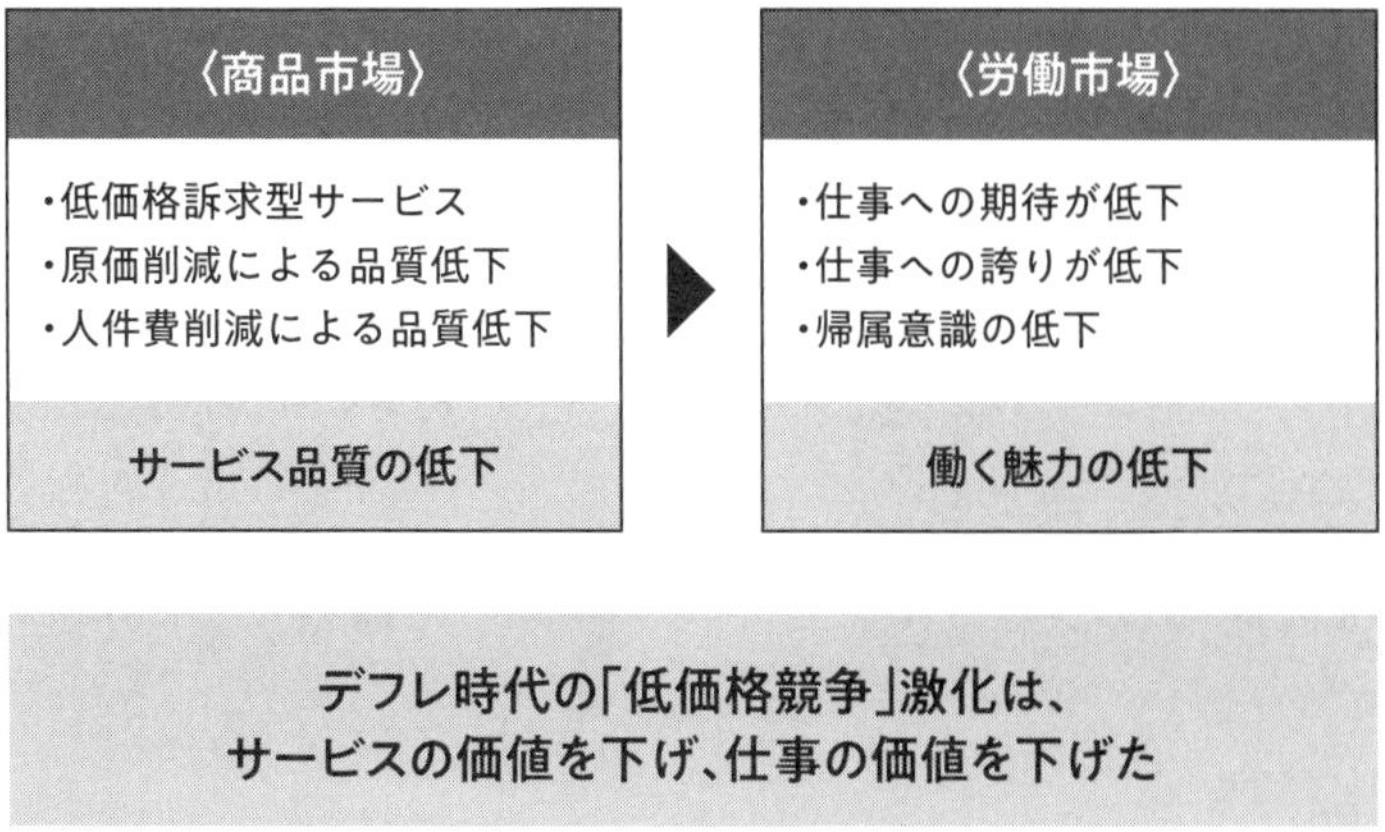

低価格競争を激化させてきました。とにかく安さを売りにすることが当たり前になり、人件費や原価の削減に力を入れてきたのです。

人件費や原価を下げようという努力は、当然ながら、商品やサービスの品質に影響を与えます。結果的に、長引いたデフレは仕事への期待や誇りなど働く魅力そのものを低下させていくことになりました（図2－17）。「ブラック企業」や「ブラック労働」という言葉に象徴されるように、従業員を低賃金でこき使って「安さ」を追求する会社も少なくありませんでしたし、消費者側も、労働者の搾取を背景に低価格で提供されるサービスを当然のものとして受け入れるようになっていきました。

仕事の価値が下がれば、働くことが嫌になったり、会社が嫌いになったりするのは当たり前のことです。実際、「仕事が好きですか？」「今働いている職場が好きですか？」と問われて、「仕事が好き」「会社が好き」と即答できる人はあまり多くないのではないでしょうか。

私は大学で長年にわたり講義を行っているのですが、以前、「働くこと」のイメージを学生に尋ねたところ、およそ**8割が「働くことは、ストレスと時間をお金に換えること」**だとネガティブに捉えていました。

日本人の「会社嫌い」について記憶に新しいのは、２０２２年に経済産業省が「未来人材ビジョン」を発表した際、そこで示されたデータがＳＮＳで話題になったことです。

たとえばアメリカの調査会社ギャラップが２０２１年に実施した調査によると、日本では「従業員エンゲージメントが強い」、つまり「会社とお互いに貢献し合える関係にある」と感じている社員の割合は５％に過ぎず、これは世界の中で見ても最低水準だということが示されています。ちなみに米国／カナダは34％。この数字を比べれば、「日本人がいかに会社に期待していないか」がよくわかるでしょう（図２－18）。

図 2-18 日本企業の従業員エンゲージメントは、世界全体で見て最低水準

従業員エンゲージメントの国際比較（左：世界全体　右：東アジア）

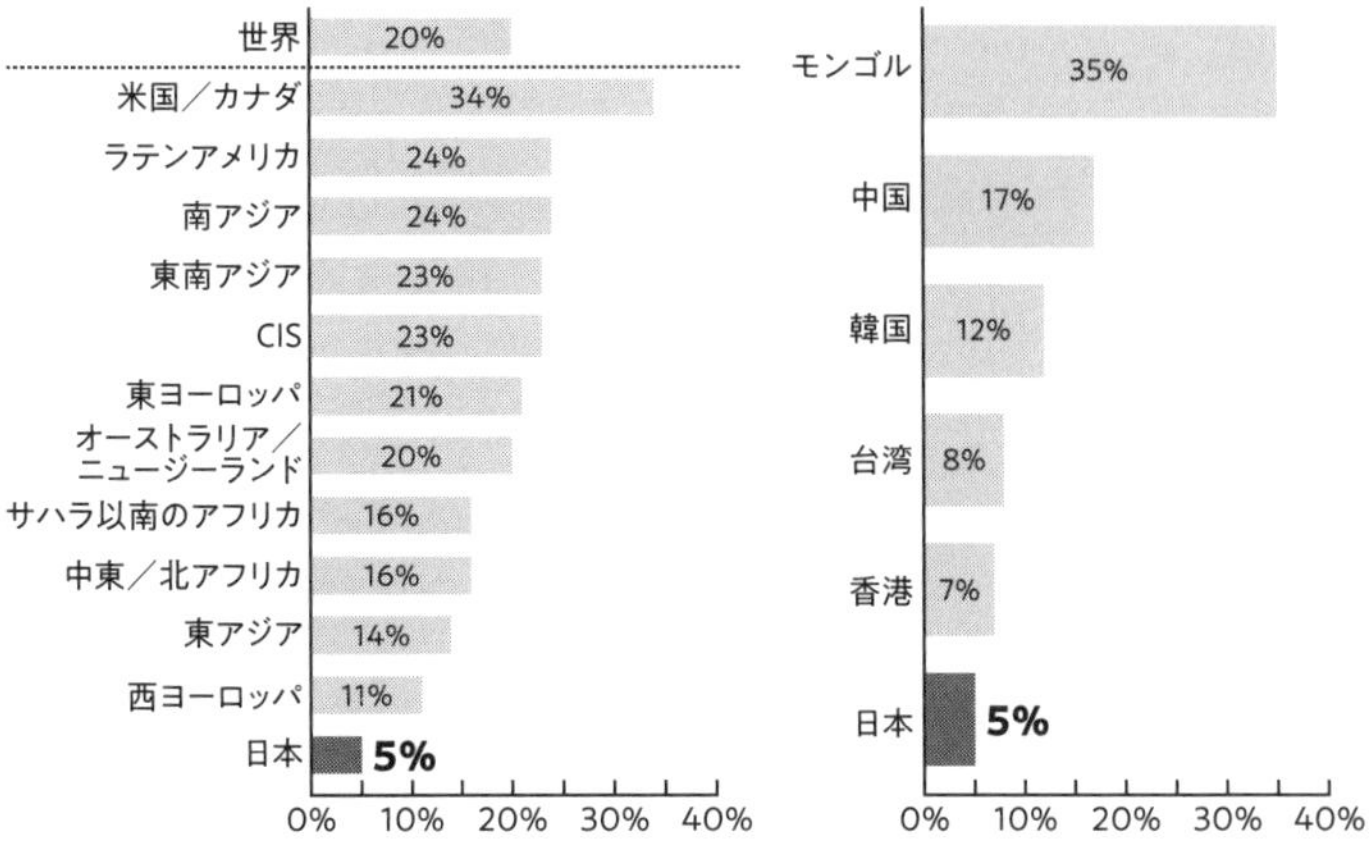

出所：GALLUP “State of the Global Workplace 2021”を基に経済産業省が作成。経済産業省『未来人材ビジョン』（令和4年5月）より転載

また、パーソル総合研究所がアジア・パシフィック地域を対象に２０１９年に実施した調査からは、「現在の勤務先で継続して働きたい人」の割合は日本では52％に過ぎず、これは調査対象となった14の国・地域の中で最低となっています（図２－19）。ちなみに同じ調査において、「転職意向がある人の割合」「独立・起業志向のある人の割合」も日本は14の国・地域の中でもっとも低く、「会社は嫌いだけれど、転職したり独立したりするつもりもない」という人

図 2-19 日本では「現在の勤務先で働き続けたい」と考える人は少ない

現在の勤務先で継続して働きたい人の割合

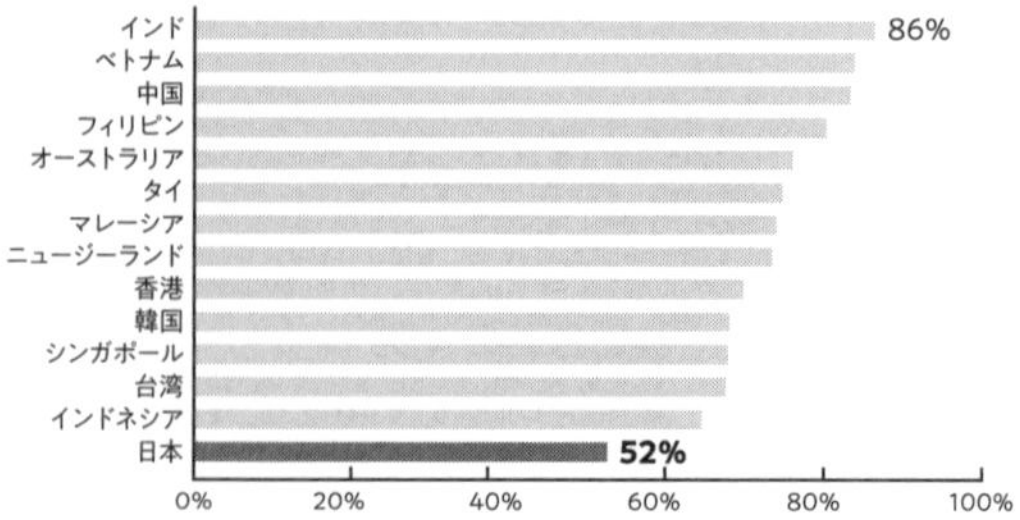

注：対象地域は、中国、韓国、台湾、香港、日本、タイ、フィリピン、インドネシア、マレーシア、シンガポール、ベトナム、インド、オーストラリア、ニュージーランド（各国1,000サンプル）。調査対象は、20～69歳男女で、就業しており、対象国・地域に3年以上在住している者。なお、日本は、別途実施した「働く1万人の就業・成長定点調査2019」から東京、大阪、愛知のデータを抽出して利用。

出所：パーソル総合研究所「APAC就業実態・成長意識調査（2019年）」を基に経済産業省が作成。経済産業省「未来人材ビジョン」（令和4年5月）より転載

が多いことがうかがえます。

その上、日本人は自己研鑽の気持ちも低いことがわかっています。パーソル総合研究所が2022年に行った調査で「自分の成長を目的として行っている勤務先以外での学習や自己啓発活動」について尋ねた項目があるのですが、日本人の回答で圧倒的な1位になったのは「とくに何も行っていない（52・6%）」でした（図2－20）。

今の日本人は、会社が嫌いで不満を抱いている一方、転職したり独立したりするつもりもなければ自己研鑽もせず、**半ばあきらめ気味に日々を過ごしている人が多い**のでしょう。

図 2-20 日本の働く人たちは「自己研鑽」の気持ちも低い

あなたが自分の成長を目的として行っている**勤務先以外での学習や自己啓発活動**についてお知らせください。（複数回答／選択肢11項目）

	※全体の回答で降順　（%）	読書	最下位 研修・セミナー、勉強会等への参加	資格取得のための学習	最下位 通信教育、eラーニング	最下位 語学学習	最下位 副業・兼業	最下位 NPOやボランティア等の社会活動への参加	最下位 勉強会等の主催・運営	最下位 大学・大学院・専門学校	その他	圧倒的1位 **とくに何も行っていない**
	全体（18223）	34.5	30.4	22.0	21.8	20.9	19.5	17.0	12.8	8.1	2.2	18.0
東アジア	日本（1000）	23.2	11.6	15.9	7.1	9.9	8.9	3.4	2.9	1.7	3.8	**52.6**
東アジア	中国（1002）	27.5	27.4	22.9	32.9	17.8	14.7	12.3	18.1	5.9	0.8	20.6
東アジア	韓国（1005）	39.1	21.6	27.4	9.8	25.9	15.4	8.4	9.6	3.5	2.5	19.3
東アジア	台湾（1001）	26.1	26.1	23.3	26.8	26.5	20.3	12.4	15.3	7.2	1.3	14.5
東アジア	香港（1002）	34.9	23.7	18.8	24.2	28.7	18.6	11.3	10.2	5.3	1.3	18.8
東南アジア	タイ（1059）	27.9	28.0	22.2	30.0	26.2	33.9	18.3	13.7	5.6	1.1	13.4
東南アジア	フィリピン（1010）	43.7	50.4	29.4	28.1	20.9	31.5	25.1	11.8	13.8	2.6	5.6
東南アジア	インドネシア（1002）	42.2	50.1	43.6	18.8	27.0	27.1	37.5	13.1	10.8	1.7	5.4
東南アジア	マレーシア（1000）	38.5	44.7	25.2	26.7	23.1	29.5	21.7	18.9	14.8	2.2	9.5
東南アジア	シンガポール（1002）	32.7	33.9	17.9	21.7	14.7	13.6	14.2	9.9	7.4	1.5	20.1
東南アジア	ベトナム（1002）	48.5	41.9	22.4	29.8	46.3	25.4	24.1	19.7	5.5	1.2	3.6
南アジア	インド（1119）	33.5	43.6	30.6	30.7	25.6	26.8	31.4	23.4	13.0	1.1	3.2
オセアニア	オーストラリア（1003）	35.4	25.1	15.7	17.5	10.8	14.3	12.0	8.4	8.3	1.9	28.6
北米	アメリカ（1010）	41.0	27.2	20.3	20.1	15.7	20.6	17.7	11.9	12.5	2.8	15.7
ヨーロッパ	イギリス（1003）	38.0	22.7	14.1	20.1	13.7	12.2	15.2	9.2	4.5	3.6	24.1
ヨーロッパ	ドイツ（1000）	36.7	27.0	19.6	14.9	11.6	12.1	12.3	12.6	11.2	4.5	21.2
ヨーロッパ	フランス（1001）	31.0	23.3	12.2	15.6	19.0	11.4	12.6	11.5	4.9	2.9	22.6
ヨーロッパ	スウェーデン（1002）	22.1	18.0	13.2	15.3	12.3	13.4	14.1	9.5	10.5	3.8	28.1

※( )内は回答者数
※対象地域【東アジア】日本（東京、大阪、愛知）、中国（北京、上海、広州）、韓国（ソウル）、台湾（台北）、香港、【東南アジア】タイ（グレーターバンコク）、フィリピン（メトロマニラ）、インドネシア（グレータージャカルタ）、マレーシア（クアラルンプール）、シンガポール、ベトナム（ハノイ、ホーチミンシティ）【南アジア】インド（デリー、ムンバイ）、【オセアニア】オーストラリア（シドニー、メルボルン、キャンベラ）、【北米】アメリカ（ニューヨーク、ワシントン、ロサンゼルス）、【ヨーロッパ】イギリス（ロンドン）、ドイツ（ベルリン、ミュンヘン、ハンブルグ）、フランス（パリ）、スウェーデン（ストックホルム）
出所：パーソル総合研究所「グローバル就業実態・成長意識調査（2022年）」（https://rc.persol-group.co.jp/thinktank/assets/global-2022.pdf）掲載情報に基づきレオス・キャピタルワークス作成

◎投資の第一歩として「ありがとう」を言う

働くことを「ストレスと時間をお金に換えること」だと考え、会社を「ブラックなもの」「信用できないもの」としか考えられなくなれば、「会社なんて信用できない、大事なお金を投資するなんてもってのほか」と考えるのは自然な流れでしょう。

しかし30年ぶりのインフレに転換しつつある今、**デフレ下で生じたこの強烈な負のスパイラルを何とかして止める必要があります。**

そこで、今すぐできることとして皆さんにぜひやっていただきたいのが、「ありがとう」を言うことです。「えっ、なんでそんなことを⁉」と意外に思う方も多いでしょう。でも、これにはしっかりした理由があります。

人は感謝されると自信を持ち、頑張ろうと思えるものです。仕事でたくさん「ありがとう」と言われる人は、働くことが好きになるでしょう。つまり皆さんが日々「ありがとう」を言うことが、「仕事が好き」「会社が好き」と思う人を増やし、さらに「頑張っている会社や人を応援したい」と**投資にポジティブな人を増やすグッドスパイラルを起こしていく**のです。

たとえばコンビニのレジで会計をしたとき、店員さんに「ありがとう」と言ってみましょう。職場でも、社内外の人に積極的に「ありがとう」を言ってみてください。もちろん家庭内でも「ありがとう」を増やしていきましょう。

私は、**投資というのはお金を投じることだけでなく、自分が持つさまざまなエネルギーを投じることで未来からお返しをいただくこと**だと考えています。「ありがとう」を言うという行為も、よい社会をつくるための大切な「投資」です。「ありがとう」を言うことは、誰でも簡単にできてリスクもなく、コストもかかりませんから、マネー回避の傾向がある人も「投資の第一歩」として無理なく始められるのではないでしょうか。

◎「ありがとう」が生む大きなリターン

「ありがとうの投資」は、一見、遠回りだと感じるかもしれません。それでも、一人でも多くの人が「ありがとう」を増やすことは、社会によいスパイラルを生むために非常に大事だと思っています。ですから私は、大学の学生向けの講義でも、何十年も株式投資をしている個人投資家向けのセミナーでも、金融機関で商品を販売している人たちの研修の場でも、起業を目指す人たちや企業経営者への講話でも、機会があれば繰り返し**「ありがとうを言いましょう」と言い続けてきました。**

ありがたいことに、大学生はもちろん歴戦の個人投資家や金融機関のトップまで、属性を問わず多くの人が「『ありがとうの投資』の話が強く印象に残った」「ぜひやってみようと思った」といった感想を寄せてくれます。さらに、「ありがとうを言うようにしてよかった」という体験談を聞かせてもらえることも少なくありません。

先日、客員教授を務める広島の叡啓《えいけい》大学で講義を行った際、ある学生さんが手を挙げてこんな話をしてくれました。

「私は1年前に藤野さんの講義を聞いてから、いろいろな人にありがとうを言うように心掛けてきました。母にもありがとうを言うようにしたらとてもうれしそうで、機嫌がよくなったからか、晩ごはんのおかずが1品増えました」

また最近、福岡を訪問した際、ふくおかフィナンシャルグループ社長・福岡銀行頭取の五島久さんからは「藤野さんのセミナーを聞いてから、ありがとうを言うようにしたんです。そうしたら頭取になれたんですよ」と言っていただきました。

「ありがとう」と言われて嫌な顔をしたり怒ったりする人はいませんから、皆さんがいくらたくさん「ありがとう」を言っても、悪いことは一つも起きません。**リスクゼロで意外に大きなリターンが見込める投資**なので、ぜひ皆さんも実践していただければと思います。

第3章

生成AIの本格普及が「運用のあり方」を変える

1

新ＮＩＳＡ始動で問われる「アクティブファンド」の意義

◎２０２４年スタートの「新ＮＩＳＡ」とは

前章では、日本が30年ぶりのインフレになると考える理由や、インフレ下では多くの人が投資に踏み出す必要があることをご説明しました。

この点、この**２０２４年というタイミングで新しいＮＩＳＡがスタートしたのは日本にとって幸運なこと**だと思います。新しいＮＩＳＡは、従来の制度と比べて大幅にパワーアップしたからです。

ＮＩＳＡは「少額投資非課税制度」の愛称で、その制度名からわかるとおり、**「少額の投資について運用益にかかる税金を非課税にする」**というものです。

ご存じの方も多いと思いますが、本来、株式や投資信託などで得られる値上がり益や配当金、分配金には税金がかかります。税率は、20・３１５％（うち所得税・復興特別所得税が15・３１５％、住民税が5％）です。

たとえば株を買って１００万円の値上がり益が出たとすると、売却したときに約20万円の税金が発生するので、手元に残る利益は80万円ほどです。**ＮＩＳＡを使えばこの約20万円の税金がかからず、手元にまるまる１００万円が残るわけですから、非課税の恩恵は非常に大きい**ことがわかるでしょう。

２０２３年までのＮＩＳＡは、金融庁が認めた投資信託の積み立て投資のみ可能な「つみたてＮＩＳＡ」と、株式や投資信託を幅広く選択できて積み立ても一括投資も可能な「一般ＮＩＳＡ」に分かれていました。利用できるのは「つみたてＮＩＳＡ」か「一般ＮＩＳＡ」のいずれか一方だけでしたし、つみたてＮＩＳＡは投資限度額が年間40万円・保有限度額は８００万円、一般ＮＩＳＡは投資限度額が年間１２０万円・保有限度額は６００万円という上限が定められていました。時限措置だったため非課税で保有できる期間も限られており、あまり使い勝手がよいとはいえなかったかもしれません。

一方、２０２４年からのＮＩＳＡについては、国が「若年期から高齢期に至るまで、長期・積立・分散投資による継続的な資産形成を行えるよう」にするという考えのもと、制度を恒久化して**非課税保有期間も無期限**となりました。さらに、これまでの一般ＮＩＳＡに相当する「成長投資枠」と、つみたてＮＩＳＡに相当する「つみたて投資枠」の併用も可能になっています。つみたて投資枠は年間１２０万円、成長投資枠は年間２４０万円まで投資可能なので、**併用すれば最大で年間３６０万円も投資できる**ことになります。

また、保有限度額は、投資元本ベースで最大１８００万円（うち成長投資枠は１２００万円）へと大きく拡大しました。２０２３年までのＮＩＳＡでは一度使った投資枠は再利用できなかったのですが、２０２４年からのＮＩＳＡでは**売却した分の投資枠が再利用**できるようにもなっています（図３－１）。

◎新ＮＩＳＡで「投資するかしないかは自己責任」に

２０２４年スタートの新しいＮＩＳＡでは、これまでの不便さや不十分さが一気に解消されたと言っていいでしょう。元本ベースで１人１８００万円も投資できるのですから、**「老後資金２０００万円問題」解決の切り札**にもなりえます。

特に国が後押ししているのが、**投資信託の「長期・積立・分散投資」による資産形成**です。ＮＩＳＡの「つみたて投資枠」では、投資できる商品が金融庁の定める条件を満たした

図 3-1 「新NISA」で、国も投信つみたてによる資産形成を後押し

若年期から高齢期に至るまで、長期・積立・分散投資による継続的な資産形成を行えるよう、非課税保有期間を無期限化すると共に、口座開設可能期間については期限を設けず、NISAを恒久的な措置とする（令和5年度与党税制改正大綱より抜粋）

	2023年まで		2024年以降	
	（一般）NISA	つみたてNISA	成長投資枠	つみたて投資枠
対象年齢	18歳以上		18歳以上	
制度実施期間	~2023年まで	~2042年まで＊	**恒久化**	
非課税保有期間	最長5年	最長20年	**無期限**	
年間投資上限額	120万円	40万円	**240万円**	**120万円**
併用	できない		**できる**	
最大投資可能額	600万円	800万円	**合計1800万円（枠の再利用ができる）** （うち1200万円）	
購入方法	スポット・積立	積立	スポット・積立	積立
投資対象	上場株式、投資信託など	つみたてNISA対象商品	上場株式、投資信託など	つみたてNISA対象商品と同様

＊2024年以降新規買付けは不可

出所：金融庁HP、令和5年度与党税制改正大綱を基にレオス・キャピタルワークス作成

「長期の積立・分散投資に適した一定の投資信託」に限定されています。

投資信託は、たくさんの個人投資家から集めた資金を「運用のプロ」であるファンドマネージャーが運用する金融商品です。少額から幅広い銘柄に分散投資できるため、株式投資と比べるとリスクを抑えやすいと言えます。また、毎月一定額ずつコツコツ買い続ける「つみたて」は、値動きのある金融商品を買う際、**買付価格を平準化**する効果があるので、「高値のときにまとまったお金を一気に投資してしまった」といった失敗をしにくくなります。

私自身、これから投資を始めるという人には、いつも**「小さく、ゆっくり、長く」という3つの原則**を大切にすることをお勧めしています。自分が手に汗をかかない程度の金額でスタートし、投信のつみたてをしながら長い時間をかけてお金を育てていくのです。

国がこれだけ充実した制度を用意し、資産形成に向く投信を示しながらつみたてを後押しするというのは、ひと昔前なら考えられないことです。前章でご説明したように投資の必要性が高まっている中、新ＮＩＳＡのスタートによって、環境は十分に整いました。これまではよく「投資をするなら自己責任で」と言われたものですが、これからは**「投資をするかしないかは自己責任」という時代**に入ったと言っていいのではないかと思います。

◎資産形成のツールとして重みが増す投資信託

新しいＮＩＳＡは、**成長投資枠では株式や投資信託に、つみたて投資枠では一定の条件をクリアした投資信託のみに投資**することができます。

株式投資の経験がある人や「自分で勉強して個別株投資に挑戦したい」という人にとって、成長投資枠は活用しがいがあると思いますし、どんどんチャレンジしてほしいと思います。

一方で、今後ＮＩＳＡで多くの人が利用するのは投資信託が中心になっていくでしょう。

「長期・積立・分散投資」を行う上で使い勝手がよく、プロに任せられるという点で投資初心者に向いているので、着実な資産形成を目的として投資をスタートしようという人は株式よりも投資信託を選ぶことになると考えられるからです。また、非課税保有限度額をフルに活用したい場合はつみたて投資枠も使う必要があります。多くの人にとって、**資産形成のツールとしての投資信託はこれまで以上に重みを増す**ことになるでしょう。

そこで私が考えているのは、日本の資本市場にとって、**アクティブファンドの存在意義を高めることの重要性**です。

「アクティブファンドって？」という方のために、ここで簡単にご説明しておくと、投資信託には大きく分けて「インデックス」と「アクティブ」の2種類があります。

インデックスファンドは、インデックス（指数）に連動するよう機械的に運用する投資信託です。「日経平均株価やＴＯＰＩＸ等と同じ値動きをする」と考えるとわかりやすいでしょう。運用の手間がかからないのでコストを抑えやすいこと、どの運用会社の商品であっても同じインデックスに連動する投資信託であれば運用成績は同じと考えられるので、ほぼ「手数料が安いかどうか」だけで選べるのが特徴です。

一方、**アクティブファンドは、指数を上回ることを目指し、ファンドマネージャーが銘**

柄を選別して運用します。プロが調査・分析を行って運用するわけですから、インデックスファンドと比べると、手間が必要な分だけ手数料は高めになります。

◎「インデックス至上主義」台頭の問題

近年、日本の投資信託の世界では「インデックス至上主義」が台頭しています。

この背景には、投資信託が銀行や証券会社の「売買手数料稼ぎ」に使われてきた暗い歴史があるのでしょう。新しいアクティブファンドをつくっては「この新ファンドがお勧めですよ」と言って乗り換えを勧めることで売買手数料を稼ぐ営業方法が横行し、アクティブファンドに対する強い不信感が生まれていったのです。

また、**デフレ経済のもとで「コスト重視主義」とも言える時代の雰囲気**があったことも、手数料が安いインデックスファンドの人気を後押ししたのだと思います。

私はアクティブファンドを運用するファンドマネージャーですが、インデックスファンドが悪い商品だとは考えていませんし、アクティブファンドのほうがよい商品だというわけでもないと思っています。それぞれが魅力のある商品群です。

それでも、「インデックス投資が正当で、アクティブ投資は正当ではない」とでもいうようなレッテルが貼られていることは残念に思っています。何より、**インデックスファンドばかりが人気を集めている現状は、株式市場の大事な役割を失わせてしまいかねません。**

第1章で触れた「スチュワードシップ・コード」では、機関投資家が投資先企業と建設的な目的を持って対話すること、対話を通じて投資先企業の持続的な成長を実現することが求められています。そして、**企業の持続的な成長を促すそのような行動こそが、中長期的に投資リターンの拡大につながる**と考えられます。

この点、インデックスファンドは「投資すべき会社かどうか」を選別することなく指数に組み入れられていれば買ってしまうので、ダメな会社にも投資することになります。また、膨大な数の企業に投資するので、すべての投資先企業に責任を持って関与するのも難しいでしょう。

これから投資信託を選ぶ皆さんの視点でいえば、**「よい会社を選んで投資したい」**と考えたとき、その思いに応えられるアクティブファンドが選択肢として数多くあり、一人ひとりが「私はこのアクティブファンドの運用方針に共感する」「私はこのアクティブファンドがより儲かりそうだと思う」というものを選べるようになることが理想であり、それが**資本市場をしっかり機能させる**ことにつながるのだと思います。

2

生成ＡＩの本格普及が株式投資に与える影響

◎チャットＧＰＴの登場は大きな潮目の変化

アクティブファンドの意義について話す上で、避けて通れないポイントがあります。それは**生成ＡＩの本格普及**です。

私自身がアクティブファンドのファンドマネージャーとして世の中の大きな動きを俯瞰して見たとき、チャットＧＰＴに代表される生成ＡＩの登場は、「30年ぶりのインフレ」と同時に目を向けなければならない大きな潮目の変化だと思っています。

２０２２年11月にアメリカのＯｐｅｎＡＩ社が公開したチャットＧＰＴは、人間と話しているかのように会話でき、与えた質問や課題に答えてくれる人工知能です。およそ地球上にあるさまざまな問題について、すでに議論されているものであれば答えをすぐに出してくれます。

チャットＧＰＴが公開されると、たちまちのうちに世界を席巻し、マイクロソフトがＯｐｅｎＡＩへの１００億ドルもの巨額投資を決定したことも大きなニュースになりました。

皆さんは、チャットＧＰＴを使ってみたことがあるでしょうか。「すでに仕事で大いに活用している」という人も多いのではないかと思います。

私がチャットＧＰＴ登場初期にさまざまな質問をしてみて感じたのは、その答えの内容が**「各界の『中の上』以上の専門家レベル」**だということです。そして、本書執筆時点ではチャットＧＰＴの登場からまだ1年も経っていないのですが、その能力は急速に進化を遂げています。今後、生成ＡＩがさまざまな場面で利用されていけば、世の中の多くの業務はどんどん短縮化・省力化していくでしょう。

◎将棋の世界で目の当たりにしたAIの進化

私はＡＩの急速な進化をまったく疑っていません。それは、将棋の世界でＡＩの進化を間近に見たことが１つの理由です。

私は将棋が好きでアマチュア最高位の六段の認定を持っているほか、過去には投資家として、将棋アプリ「将棋ウォーズ」の運営や将棋ＡＩアプリケーション「ｐｏｎａｎｚａ（ポナンザ）」の開発を手掛ける「ＨＥＲＯＺ（ヒーローズ）」への投資もしていました。

そのような経験から、ほんの10年ほど前、ＡＩがアマチュア高段者にも勝てなかった時代のこともよく覚えています。その後、ＡＩは急速に強くなってプロ棋士が勝てなくなり、２０１７年にはｐｏｎａｎｚａが佐藤天彦叡王（当時）に勝利して大きな話題になりました。

そして現在では皆さんご存じのとおり、プロ棋士がＡＩで研究したり、ＡＩによる棋戦の局面分析を見ながらファンが観戦を楽しんだりするのが当たり前になっています。私は、ＡＩがすさまじい勢いで進化を加速させることを目の当たりにしているのです。

おそらく生成ＡＩは、これから数カ月単位で変化していくでしょう。今のチャットＧＰＴだけを見ているとそこまでの力は感じられないかもしれませんが、**注目すべきは「成長の変化率」**なのです。

◎これまで投資の勝敗を分けていたものとは

このような**生成ＡＩの進化は、資産運用にどのような影響を与えるでしょうか？**

現在の株式投資において**「プロが何を見ているのか」**をひと言で言い切るとすれば、それは「企業の実際の業績が、コンセンサス予想（企業分析のプロであるアナリストたちの予想の平均）を上回るか下回るか」です。

先に第2章で、ＰＥＲについて「ＥＰＳ（1株あたりの利益）に対して、株価が何倍になっているか」を示す指標だということをご説明しました。「ＰＥＲ＝株価÷ＥＰＳ」で計算することができるわけです。この式を変形すると、**「株価＝ＥＰＳ×ＰＥＲ」**。つまり、株価は「1株あたりの利益」と「ＰＥＲ」で表すことができます。

1株あたりの利益を左右するのは主に企業の工夫や頑張り、情熱などであり、企業自身の稼ぐ力をそのまま示します。一方、ＰＥＲは企業の人気のほか、金利や為替の動向、市況によって上下します。

一般に、企業の株価は短期的にはＰＥＲ次第でブレが生じますが、長期的にはＥＰＳに連動することが知られています。**株式市場というのは、企業が持つ実力を時間をかけて株価に反映させていくもの**なのです。

これまでアナリストの重要な仕事は、企業のデータや情報を集めて分析し、「1株あたりの利益が半年から1年後にいくらになるか」を予測することでした。その予測がコンセンサス予想を上回るか下回るかが、**売買の判断に直結**するからです。

◎短期投資を行う個人投資家が駆逐される可能性

データや情報を集めて分析し、いかに的確な予測をするか――これは生成ＡＩがもっとも得意とするところでしょう。

チャットＧＰＴの登場後、機能を拡張するためのさまざまなプラグインが各社から続々と発表されていることは皆さんもご存じだと思います。

身近なところでいうと、チャットＧＰＴに「食べログ」のプラグインを入れれば食べログに蓄積されたデータを活用することが可能になります。

「○月○日の○時から、８人で食事会を開きたい。新宿で、イタリアンかフレンチの飲み放題のプランがあるお店で、１人あたりの予算は４０００円。今から予約できるお店をリストアップしてほしい」

こんなふうに頼むと、チャットＧＰＴがずらっと希望日時に空席のあるお店を並べてくれるのです。

ほかにもＳＮＳから情報収集してトレンドを分析したり、テキストの内容を図解したり、高度な計算やデータ分析をしたり、動画の内容を要約したりといったように、プラグインを入れることによってチャットＧＰＴ活用の可能性はどんどん広がっています。

たとえばチャットＧＰＴにブルームバーグのプラグインが入れば、その情報を活用した企業業績の予測もおそらく軽々とこなすでしょう。予測の精度も短期間のうちにみるみる上がっていくはずです。私は、いずれ生成ＡＩがありとあらゆるデータを瞬時に収集して分析し、特定の会社の業績が上がるか下がるかを高精度に予測するようになるだろうと考えています。

少なくとも1年程度の短期的な予測で勝負する株式投資についていえば、今後は徐々に生成ＡＩが人間に取って代わる場面が増えてくるでしょう。**個人投資家がインターネット上の情報に基づく短期的な株式投資で勝つのは、かなり難しくなる**のではないでしょうか。

勝負が「ＡＩの開発にいかに資金をかけられるか」にかかってくると考えれば、短期投資を行う個人投資家はほぼ駆逐されてしまうことになるかもしれません。

3

投資でAIに勝つには「10年先」を見る

◎AI時代に人間が担うべき役割

生成ＡＩが爆速といっていいスピードで進化する中、「人間にしかできない仕事は何か」が話題にのぼることも少なくありません。

アクティブファンドの運用についても、ＡＩを含む運用テクノロジーの発展に伴い、**短期予測の付加価値は徐々に消失**していくと思います。**長期の予想についても、AIの役割が高まってくる**ことは間違いありません。

大前提として、先端的なテクノロジーに背を向けることなく積極的に使っていくべきであることは間違いありません。かつてイギリスで産業革命が起きたとき、「機械に仕事を奪われる」と恐れた人々は工場の機械を破壊しました。しかしそのようなことを行っても世の中の進化を止めることはできませんし、止めるべきではありません。

では、今後は運用をすべてＡＩに任せるのが「正解」になるのでしょうか？

そこで立ち返って考えなくてはならないのが、先ほどご説明した「アクティブファンドの意義」についてです。

私は今、**「アクティブファンドは未来に対して長期的な影響を与える存在になるべきだ」**と思っています。前章で、そもそも投資は企業を支えて応援することだとご説明しました。資本市場を通じて「よりよい未来をつくる企業」をサポートすることは、その企業を通じて投資家自身が未来に関与することでもあるわけです。

この「本来の投資の意義」をより強く意識し、「あるべき未来」を実現させるという視点で投資先を選択することが、アクティブファンドの１つの存在意義になるだろうと思います。

◎10年先を見る投資が、結果的に短期の運用成績も上げる

「あるべき未来」を考える際の時間の目安は、10年です。

これから、目先の予測では人間はＡＩに勝てなくなります。しかし「10年後にどのよう

な未来がありうるか」を予測し、その中から「あるべき10年後の未来」を選択し提示し、「よりよい未来を創造するために応援すべき企業はどこか」を考えて投資をするというのは、ＡＩにはできないでしょう。だからこそ、そのようなスタンスに徹することで初めて、**目先のマーケットでもＡＩに勝てる可能性が出てくる**というのが私の考えです。

「10年後の未来を予想する」というと、「そんなことができるのか」と思う人が大半かもしれません。

確かに、私には未来をすべて見通す力はありません。現在のデータや実際に起きていることに基づいて予測できるのは、せいぜい半年ほど先まででしょう。コロナ禍が起きることやその影響を誰も予測できなかったように、災害やパンデミックなど事前の予測が不可能な出来事が起きることもありますから、3年後や5年後のことなどまったくわからないと考えたほうがいいと思います。

しかし、これが「10年後」となると、話は別です。

私は、10年後の未来に起きていることは**日々の小さな変化を追って思考力を働かせる**ことである程度クリアに描き出すことができると考えています。たとえば、もし大規模な災害や戦争が起きたり再びパンデミックが起きたりしたとしても、ＤＸ（デジタルトランスフォーメーション）が進んだり、自動運転技術が発達し実装が進んだりすることはほぼ「確定的な未来」と言えるでしょう。

つまり、**未来予測は短期では不可能ですが、10年先であれば可能**だということです。

◎10年後の「種」を見つけられるか

10年単位の大きな変化の流れの中には、多くの人にありありと見えているものもあれば、まだあまり知られていないものもあります。いずれにしてもここで重要なのは、「10年後の未来は、すでに存在している」ということです。

これが「30年後の未来」となると、それはまだどこにも存在していないかもしれません。しかし10年後に普及しているもの、メジャーになっているもの、成長しているものは、今その「種」がどこかにあるはずなのです。私は長期の株式投資で勝つにはそのような「種」を見つけることがカギを握ることになるだろうと思っているのです。

皆さんも、ぜひ考えてみてください。自分の仕事や興味・関心のある分野で**「これは10年後にはメジャーになっているはず」「これから成長して世の中を変えていくはず」**と確信できるものが1つや2つはあるのではないでしょうか。長期の個別株投資に挑戦したいという方であれば、その**「自分なりの確信」に基づいて銘柄を探索する**というのが1つの方法かもしれません。

アクティブファンドの場合、運用者がそれを目を皿のようにして探しに行くことが「10年後の未来を考える」ことに直結するでしょう。

私はこれまでファンドマネージャーとして、「足で稼ぐ運用」で長期的な「成長企業の発掘」をすることを続けてきました。実は、この部分は「10年先を見る投資」においても変わりません。特に、今はあまり知られていない「種」を見つけるという点では、**「足で稼ぐ」ことが欠かせない**からです。

つまり「丁寧な企業調査を通じて10年後に爆発的に成長するような会社を発見し、投資家としてそのような企業に関わりながら、ともに10年後の未来をつくろう」というのが今の私の考えです。

見方を変えると、これは**ビジョナリーな企業家の頭の中にある「10年後の未来」を見つけようとする行為**と言えます。その「10年後の未来の設計図」を共有し、投資家としてその未来をつくることを後押しし、ともに歩むことが、企業家と投資家の正しいあり方だと思うのです。

◎ 一人ひとりの意思を持ったお金が「未来をつくる」

「ずいぶん大きな話をするな」と思う人もいるかもしれません。

しかし今、私がアクティブファンドを運用する会社として預かっている**運用資産残高は1・2兆円**まで拡大しています。約126万人のお客様がいて、これは日本の人口のおよそ1%を占める規模です。東京、大阪、名古屋などのお客様の比率が高いので、**都市部に限れば20~30人に1人くらいの方に保有**してもらっていることになります。

これほど多くのお客様に支えられ、大きな運用資産残高をお預かりしていることを考えれば、社会に対して果たせる役割はまだまだたくさんあると私は思っています。

皆さんがアクティブファンドを選ぶときは、何らかの明確な意思を持って選択することが多いはずです。私の「あるべき未来を選択する」という方針に価値を感じる人たちからお金が集まり、そのお金でよりよい未来を創造していくという流れを生み出していくというのが、今の私の考えです。

もちろん、「投資はそんなものじゃない、御託を並べずに安くなった株を買って高くなったところで売るだけだろう」「未来なんてどうでもいい」という考え方もあるでしょう。

私はさまざまな側面があると思っていますから、そういった考えを否定しません。「正しい投資」「間違った投資」があるとも思っていませんし、そういう議論をしようとも思っていません。

1つ言えるのは、私たちは「これが正しい投資だからやろう」と思っているのではないということです。**「あるべき未来を提示して選択していくという投資こそが、結果的に儲かる」**。そう私は信じています。

第4章

「10年後」をつくる銘柄はこれだ

1

4つのグループに分けて成長銘柄を読む

◎「プライムの中のプライム」を選ぶ

ファンドマネージャーとして「10年後」を見据えて運用していく上では、今後、**銘柄を4つのグループに分けて調査**していこうと考えています。具体的には、**「ザ・プライム」「ネクストジャパン」「10（テン）バーガーズ」「グローバルスターズ」**の4つです。それぞれ、どのような観点で銘柄を発掘していこうと考えているのかを少しご説明しましょう。

「ザ・プライム」はそのグループ名のとおり、東証プライム市場の中でも「まさにプライム」と呼ぶべき会社を、時価総額1兆円以上の企業群から30銘柄程度選別して投資をしていきます。日本企業の本質的な変化を受け、今後、**「ザ・プライム」は運用の中核に据える銘柄群**になると思いますし、「これからの未来を創造する」という観点でも非常に重要なグループです。社長をはじめとする経営陣との対話を重視して、未来志向に立って将来の模範となるべき会社に投資をしていくことになるでしょう。

もちろん対話にあたっては、足元の数字以上に「10年目線での成長」を考えます。また、それぞれの会社について「挑戦をしていくムードや文化を醸成しようとしているか」「人への投資をしっかり行っているか」「カーボンニュートラルなど社会的役割を果たす積極的な行動を起こそうとしているか」といった要素を確認することも欠かせなくなると思っています。

私が注目するのは、「今、相対的によい会社かどうか」ではなく「10年間の変化率」です。今がよくても、現状に満足していて変化の気概がなければ、未来に向けて社会を変え、成長していく会社にはなり得ないからです。その意味では、現状ではベストとは言えなくても、10年後に成長する潜在力のある会社にも投資をしたいところです。

◎次世代の中核企業を見つける

「ネクストジャパン」は時価総額１０００億円から1兆円程度の企業で、日本の中核的企業として将来的に「ザ・プライム」になるような企業を選別して投資していくつもりです。

私はもともと中小型株や成長株投資の経験が長く、このグループの投資については得意だというイメージが強いと思います。市場全体の動きを見ると、足元では大型株が優位な状況が続いていますが、**10年という目線に立ったとき、中小型株の中に、大きく成長して社会を変えていくであろう企業がたくさんある**ことは変わりません。

◎「ポストIPO」で爆発的に成長する銘柄を探す

「テンバーガーズ（10段重ねのハンバーガー）」は「テンバガー（10倍株）」という言葉をもじってつけたグループ名で、**「10年間で10倍になるかもしれない企業群」**に投資をしていく分野です。時価総額１０００億円以下の「ポストＩＰＯ企業」を対象に、１０００億円くらいの運用資産をドンと投じようと考えています。

本来、ファンドの規模が大きくなれば、より若くて元気な会社に投資できるはずです。ところが日本では運用管理面が強調されすぎてしまっているために「規模の大きなファンドは小さな会社に投資できない」というパラドックスが生じています。せっかく新興企業が上場を果たしても、時価総額が小さいと機関投資家に投資してもらえないのです。これは現在、日本のスタートアップ経済圏の大きな課題になっており、実際に**多くの成長株が**

割安に放置されている現状があります。

繰り返し述べているように、投資とは企業を応援することにほかなりません。ですから私は、ファンドマネージャーとしてずっと「投資で日本を根っこから元気にする」と言い続けてきました。**「新興市場を根っこから元気にする投資」**というのはずっと取り組みたいと思っていたテーマであり、何より、これから10年の目線では特に大きく伸びるチャンスがあるところです。今後はどんどん面白い銘柄を発掘して投資をしていくつもりです。

◎世界から、日本にはない「びっくり!」を見つける

「グローバルスターズ」のグループでは、米国・中国・アジアなどを中心に、日本企業にはない**「びっくり!」のある会社群**に投資をしていこうと考えています。私が運用するファンドは日本株のイメージが強いのではないかと思いますが、実際「ひふみ投信」では海外株も組み入れて運用してきました。今後も**米国株を中心に、欧州株、アジア株、インド株**なども適切に組み入れていきたいと考えています。

2

「10年後」をつくる企業たち①
ザ・プライム

◎投資対象として魅力が高まる日本取引所グループ

「ザ・プライム」の投資先企業には第1章で触れた**住友商事**（銘柄コード８０５３）や**第一生命ホールディングス**（同８７５０）、**味の素**（同２８０２）などが挙げられますが、10年後の日本をつくる企業としてここでもう1社、東京証券取引所や大阪取引所、東京商品取引所等を運営する**日本取引所グループ**（同８６９７）を取り上げたいと思います。

第1章で、東証が「ＰＢＲ1倍割れ」の上場企業に対して改善策を開示して実行するように要請していることを紹介しましたが、私はこの取り組みの背景の1つに、日本取引所グループという企業自身の**「株価を上げていく」という強い思い**があるのだと考えています。

普段、読者の皆さんが証券取引所を投資先企業として見ることはあまりないかもしれませんが、実はここ1年ほど、日本取引所グループの**株価は右肩上がりに上昇**しているのです。資本政策の面で見てもポジティブな動きが多く、たとえば**配当性向の目標は60％程度**としています。利益の6割を株主に還元しようというのは「本気で投資家に報いたい」という強い意志の現れといっていいでしょう。

私が注目しているのは、２０２３年に東証の社長に就任した岩永守幸さんです。

岩永さんとは、実は長いつき合いがあります。２０１２年、日経平均株価が８０００円台と市場が低迷していた頃、東証は「証券市場からニッポン経済を元気にしていくための活動」として全国各地で「＋ＹＯＵニッポン応援全国キャラバン」というセミナーをスタートしました。私は講師としてさわかみ投信の澤上篤人会長（当時）などとともにこのキャラバンに参加していたのですが、東証側の主要メンバーの1人が岩永さんだったのです。私と岩永さんは、「日本株の魅力を伝えよう」と一緒に全国を回った同志だったわけです。

◎東証のトップ交代で起きた大きな変化

岩永さんは東証の中でも「キャラ立ち」しています。

東証入社の際の面接では、「適正な市場運営をしたい」「市場の番人でありたい」といった志望動機を話す人が多い中、岩永さんは「稼ぎたい」と言ったそうです。お役所のような雰囲気だった当時の東証でそのような発言をしたことが、かえって面白がられ採用されたのではないかと話していました。私は、従来の東証のトップとは少し違った、非常に明るい「陽」のエネルギーにあふれた人だと感じています。

「東証が稼ぐ」というのはピンと来にくいかもしれませんが、話は非常にシンプルです。

東証はさまざまなビジネスを展開していますが、収益に占める割合がもっとも高いのは株式等の取引に伴う証券会社からの収入です。売買代金に対してごく薄くフィーを得るというビジネスですから、**東証が稼ぐためには売買株数が増えるか株価が上昇**するかすればよいということになります。

つまり東証は、日本の上場企業の企業価値を上げ、株価を上げて取引を活発にすることを目指すことになるわけです。

私は社長就任後の岩永さんと話をしに東証を訪問したのですが、彼は**「東証上場企業の企業価値を継続的に上昇させることが自分のミッションだ」**と語っていました。ＰＢＲ１倍割れ企業にプレッシャーをかけて改善を促しているのも、もちろん上場企業の株価を上げ、ひいては東証が儲けるためです。

これは、非常にすばらしいことです。**上場企業の企業価値が上がるということは、日本全体の資産が増える**ことを意味するからです。もちろん、株式で運用されている**年金の積立金なども増える**ことになります。

「日本取引所グループが稼ぐことは、日本全体をよくすること。そこに迷いはない。だから今後、日本の上場企業の企業価値を上げ、株価を上げていくことにコミットする」。岩永さんは、力強くそう言っていました。

◎「お迷い企業」のサポートで株式市場を大きく底上げ

「企業価値上昇」のために、東証ができることは何でしょうか。

岩永さんは、日本の**上場企業には3つの会社群**があると考えているそうです。

1つ目のグループは、業績を向上させ株価上昇に邁進している企業。このような**模範企業**には、東証から特に働きかける必要はありません。

2つ目のグループは**「未上場以上・上場未満」**のような雰囲気で、IRをせず、株価を上げる努力もしないという企業。業績がそこそこよくても株価はぱっとせず、投資家や東証が何を言ってもその態度は変わりません。

そして３つ目のグループが、岩永さんが言うところの**「お迷い企業」**です。株価を上げたいと考えており、ＰＢＲ１倍割れに対する問題意識も持っているものの、どうすればいいかわからず迷っている企業というのは、実は少なくありません。

私のイメージでは、約３９００社ある上場企業のうち、**「模範企業」は５００社**ほどで、**「未上場以上・上場未満」は１０００社**くらいあります。残る**「お迷い企業」は２０００社**ほどでしょう。「未上場以上・上場未満」の企業は何をやっても響かないのでどうしようもない面がありますが、やる気がないわけではない**「お迷い企業」を「模範企業」へと誘導**していくことができれば、日本の**株式市場全体が大きく底上げ**されることは間違いないと思います。

もちろん、東証は直接的に企業の株価を上げることはできません。しかしＩＲについて助言したりサポートをしたりするなど、「お迷い企業」に対してさまざまにアプローチして変革を促していくことは可能です。上場企業を東証の商品にたとえるなら、商品の品揃えをよくしたり中身をブラッシュアップしたりしつつ、陳列棚もきれいにして商品を見やすくしていこうというわけです。

本来これは証券会社が果たすべき役割ですが、証券会社の人員にも限りがあり、たとえば**アナリストにレポートを書いてもらえる企業も上場企業のごく一部に過ぎません。**

アナリストのレポートも出ていないような上場企業に対して東証が手を差し伸べ、**ＩＲの機会を増やしたり投資家とのマッチングを図ったりしていく**ことは、「お迷い企業」をステップアップさせてその企業価値を高めることにつながるでしょう。

◎ＮＩＳＡで投資を始める人に成功体験を届ける

面談の際、私が「これから日本はインフレ経済になって格差拡大が進むのではないか」と話すと、岩永さんは「そこを東証としてどう支えていくかが非常に重要だと思っている」と言っていました。

インフレ下では、投資をする人としない人の間で格差が広がることが明らかです。だからこそ、「株を買ってよかった」「インフレはたいへんだけれど、株式投資が助けになった」と喜んでもらえるようにすることが大事だということです。

その面では、２０２４年に新しいＮＩＳＡがスタートしたことも重要なポイントです。新制度のもと、これからはより多くの人が株式や投資信託を買うようになるでしょう。岩永さんは**「だからここ1、2年はとても大事」**だと言います。最初の１、２年で株価が大きく下落すれば、「初めて投資に挑戦してみたけれど、損をしてしまった」という失敗体験を植えつけてしまうことになりかねないからです。

東証は直接株価をコントロールすることはできませんが、「新しいＮＩＳＡが始まった今、多くの人に成功体験を届けられるよう、努力しなければならない」という意思はあります。これから上場企業側に、業績向上はもちろんのこと、**積極的なIR、**自社株買いや増配といった**株主還元、**あるいは個人投資家がより投資しやすくなるようにする**株式分割などを働きかけていく**ことになるでしょう。

◎日本取引所、金融庁、経産省の連携もポイント

岩永さんとの面談の際は、日本取引所グループでＩＲや上場改革を担当している中堅社員や若手社員も同席しており、その人たちとも話をすることができました。

私が気になっていたのは、**金融庁や経済産業省との連携の状況**です。日本の株式市場で株価を上げていこうというのは、日本取引所グループだけでできる取り組みではなく、当然、金融庁や経産省との情報交換や連携も必要です。

10～20年前まで、金融庁と経産省は傍から見ているとまるでライバルのような関係にありました。「国益より省益」という言葉がありますが、実際それぞれ省益にばかり目が向いており、情報共有することもなく独自に経済対策を打っていた印象があります。

しかしこの点でも近年は大きな変化があるようです。今の20～30代の人たちは横の連携が取れており、たとえば日本取引所グループと金融庁と経産省で共通の勉強会を開催したり、同じ会議にオブザーバーで出席したりしているといいます。そのような連携のもと、**「日本が復活するために、日本の株式市場を活性化していこう」という目線はしっかり合っている**そうです。私も以前からそのような雰囲気は感じていましたが、改めて面談の場で若手の人からそのような話を聞くことができたのは、非常に心強いことでした。

◎日本取引所グループを通じて、株主として日本株市場を元気にする

私は、アクティブファンドを運用する投資家として、日本取引所グループに投資する意味は大きいと思っています。それは、「お迷い企業群」が「業績や株価を上げていこうという強い意志を持つ集団」へと変化していく過程を、日本取引所グループへの投資を通じて応援することになるからです。

投資をする以上、私は「お迷い企業をサポートすると言っていたよね、やってくれるよね」と日本取引所グループにプレッシャーをかけていきます。そして岩永さんは、そのようなプレッシャーをかけられることを歓迎すると語っています。株主がそのように要求することは、**企業にとって「錦の御旗」**になるからです。

投資先企業とのコミュニケーションを通じて世の中の変化を促すことができるなら、発行体企業と投資家の理想的な関係が成立するでしょう。私たち投資家が日本取引所グループという株取引のインフラを応援しながら「日本株市場の株価を上げてほしい」と伝え、それに日本取引所グループが応えていくということになれば、私が考える「これからのアクティブ運用」の1つのモデルケースにもなると思っています。

3
「10年後」をつくる企業たち②
ネクストジャパン

◎経営改革が進む三越伊勢丹ホールディングス

「ネクストジャパン」で投資している企業は幅広く、中には歴史のある会社でほぼ「ザ・プライム」と同等に見ている会社もあります。たとえば**丸井グループ**（銘柄コード８２５２）や**京都フィナンシャルグループ**（同５８４４）、**ふくおかフィナンシャルグループ**（同８３５４）などです。

ここではそのような企業群の中から、**三越伊勢丹ホールディングス**（同３０９９）を紹介したいと思います。

三越伊勢丹に「老舗」というイメージを持つ人は多いでしょう。未来をつくる会社だと言われてもピンと来にくいかもしれませんが、私は社長兼ＣＥＯの細谷敏幸さんが新時代に合わせた大胆な経営改革をしようとしているところに大いに期待しています。

細谷さんは多くの旧態依然とした日本企業のトップとはまったく異なるタイプです。さわやかにはっきりとものを言うので話していてとても感じがよく、未来志向でスピード感を感じさせます。実行力のあるイノベーターという雰囲気で、CFOの牧野欣功さんとともに、「新しい三越伊勢丹」を体現する人です。私は、おそらく彼らが**これからの日本における「消費のイノベーション」の中心**となっていくのではないかと思います。

細谷さんと面談した際に印象に残ったのは、「百貨店という考え方から抜け出さなければならない」と言っていたことです。

これまでの百貨店は、マスを対象として商品を集める場をつくり、そこにお客様を集めるというモデルでした。「多くの人が欲しいのはこういうものだろう」という商品を提案してきたわけです。しかし小売業で一般的なこのようなやり方は、どうしても単価勝負になってしまう面があります。

そこで細谷さんが考えているのは、今後は「個」に注目しなければならないということ。お客様一人ひとりに対して**「あなたにはこれがいいと思います」と個別に提案**する会社を目指すというのが、細谷さんの考えです。

キーワードは**「デジタル」と「外商」**です。

三越伊勢丹ではカード会員やアプリ会員の獲得が進んでいます。このような**「つながり」を持つお客様は600万人近く**にのぼっており、今後はデジタル技術のさらなる活用によって、一人ひとりのニーズをとらえながらサービスや商品の提案を可能にしていくというのが1つの戦略です。

もう1つの「外商」は、三越伊勢丹ならではの強みを活かせるポイントです。三越伊勢丹は約20万人の外商顧客とつながりを持っているというだけでなく、そのつながりは**「お客様の家でお茶を飲める」**ほどだといいます。ひと昔前とは異なりセキュリティやプライバシーへの意識が高まった今の時代に、自宅に上がってお茶を飲めるほどの接点を持つというのは一朝一夕にできることではありません。このネットワークは三越伊勢丹の「宝」と言っていいでしょう。

細谷さんはこのネットワークの価値をさらに高めるため、外商のサービスを進化させています。「お客様にものを売りに行く」のではなく、「お客様が欲しいもの」について各部門のバイヤーと連携して情報を集め、提案の量と質を高めているのです。

このようなデジタル化と外商の強化によって、三越伊勢丹は**科学的でありつつヒューマ**

ンタッチなプロコンシェルジュサービスを提供する会社になっていくのではないかと思います。

◎インバウンドの先に開く可能性

プロコンシェルジュサービスという意味では、**海外富裕層へのサービス提供**も今後の成長が期待できるポイントです。

コロナ禍が収束し、再びインバウンドが活況を呈していますが、海外からのお客様をただの「買い物客」と考えるのは雑ではないかというのが細谷さんの考えです。アメリカ、中東、ヨーロッパ等から日本に押し寄せる富裕層を店舗で待っているのではなく、たとえば空港到着時からコンシェルジュがアテンドして三越伊勢丹ならではの特別なサービスを提供するというのは、富裕層のニーズが大きそうです。

そもそも世界の富裕層には日本が大好きだという人がとても多く、「日本の文化を楽しみ、美味しいものを味わうのが世界のお金持ちのたしなみになっている」と言ってもいいほどなのです。年に複数回、来日するという人も少なくありません。そのようなお客様に対して、来日するたびに観光から食事、買い物までつきっきりでサポートして最高の体験を提供するのが三越伊勢丹だということになれば、日本だけでなく世界の富裕層とつながりを強化していくことになるでしょう。

実際に数カ国語を話す海外顧客向けの外商26人が実験的にコンシェルジュサービスを提供したところ、大きな手応えを得たといいます。現在はこのような外商が40人まで増えており、今後さらに陣容を強化していけば、**「海外富裕層が日本で過ごす際のすべての消費は三越伊勢丹を介して提供される」**というのがスタンダードになるかもしれません。

◎新宿と日本橋で挑む「街づくり」

三越伊勢丹のもう1つの大きな挑戦は、ものを売るだけでなく**街そのものをつくる会社になる**ことです。

街づくりというとディベロッパーがやるものというイメージがあります。土地を仕入れ、さまざまな街のあり方を提案しながら街づくりをしていくのが一般的なディベロッパーのビジネスです。この点、三越伊勢丹は３５０年の歴史があり、日本橋と新宿という東京の中心部にもともと不動産を持っています。これらの不動産を活用しながら、10年、20年かけて街づくりをしていこうというわけです。

たとえば新宿では、ファッション性が高く高感度な人が集まる街づくりができそうです。新宿には歓楽街として全国に知られる歌舞伎町もあれば、ＬＧＢＴＱの人たちが集まる新宿二丁目エリアもあり、もともと多様性に富んだ街だと言えるでしょう。もしその一角に超富裕層が居住できる施設をつくることができれば、海外の富裕層の中にも「ぜひそこに一部屋持ちたい」という人がたくさんいるでしょう。ハイエンドな人が集まる、多国籍でこれまで以上に多様性のある街として魅力が高まりそうです。

私が細谷さんの話を聞いて思ったのは、目先の四半期をどうするかということよりも、**業態そのものを激変させようとしている**のだということです。10年後という目線で見れば、三越伊勢丹が消費の一角を占めることは変わりませんが、百貨店でもディベロッパーでもない、**世界のどこにも類似の企業がないような独特の会社**になっていくのではないかと思います。

つけ加えるなら、超一等地の不動産と富裕層のお客様という資産を持っていることは、**インフレ経済の中で構造的に「勝ち組」**になりやすいとも言えます。不動産価格は上がりやすく、またこれから格差拡大が進んで富裕層がより豊かになるとすれば、その消費が活発になると考えられるからです。

１９９７年にインターネットショッピングモールの「楽天市場」が誕生したとき、「楽天がそのうち三越や伊勢丹の時価総額を超える」と言われたら、ほとんどの人は信じなかったでしょう。しかし今はそれが現実になっています。私は、ひょっとしたら10年後、**楽天の時価総額を三越伊勢丹ホールディングスが抜く**ことだってありうるかもしれないと思っています。

◎「ネクストジャパン」ど真ん中として注目したい４羽ガラス

次に「ネクストジャパン」ど真ん中の企業を見ていきましょう。

これから大きく成長して次の日本を担うと期待する「ネクストジャパン」には、世代別に私が注目する経営者「４羽ガラス」がいます。

50～60代は、**ＧＭＯペイメントゲートウェイ**（銘柄コード３７６９）の相浦一成さん。40代は、**ＳＨＩＦＴ**（シフト、同３６９７）の丹下大さん。30代は、**M&A総研ホールディングス**（同９５５２）の佐上峻作さん。20代は、**ＡＮＹＣＯＬＯＲ**（エニーカラー、同５０３２）の田角陸さんです。

彼らはいずれも経営者として馬力があり、過去の実績がすばらしいのはもちろん、これからの日本を変えていくかもしれないと感じさせる力も持っていると思います。

4羽ガラスの中でもっとも大きな実績を上げているのは、ＧＭＯペイメントゲートウェイの相浦さんです。彼は高校時代に花園に出場してベスト8まで進出した経験を持つラガーマンで、体力、気合、人としての迫力に満ち、緻密にものを考える力も併せ持っており、高い総合力のある経営者だと思います。

ＧＭＯペイメントゲートウェイは、インターネット決済処理サービス企業大手として知られています。時流に乗ったビジネスを展開しているのはもちろん、常に「有言実行」の相浦さんの強いリーダーシップのもと、２００５年に当時の東証マザーズに上場して以降、**営業利益25%成長の継続**を掲げて高成長を続けているのです。

おそらく同社は今後数年で時価総額1兆円を超え、「ザ・プライム」に移っていくのではないかと見ています。

◎40代ナンバーワン経営者は「ＩＴ業界のジャイアン」

ＳＨＩＦＴの丹下さんと出会ったのは、私が「ホリエモンロケット」と呼ばれるインターステラテクノロジズ社のロケットのスポンサーになったことがきっかけです。

「ホリエモンロケット」は2度にわたり打ち上げに失敗し、宇宙への到達に向けて背水の陣で臨んだのが3号機でした。その3号機でメインスポンサーになったのが私と丹下さんだったのです。このとき私は彼のことをあまりよく知らなかったのですが、3号機がついに宇宙に到達した際に名刺を交換し、「いつか会いましょう」という話になったのです。

そして改めて丹下さんに会ったとき、私は彼が日本の**40代の経営者の中でほぼナンバーワンの能力**を持っていると確信することになりました。丹下さんが創業したＳＨＩＦＴはソフトウェアのテスト事業で急成長しているＩＴ企業ですが、**最終的にはＳＥ総合サービス提供企業**になるでしょう。おそらく5～10年後には、現在の野村総合研究所やＮＴＴデータのような存在感を持つ企業に成長しているはずです。

丹下さんは雰囲気がジャイアンに似ています。ドラえもんに登場するジャイアンは腕力自慢でちょっと乱暴なイメージがありますが、**本当のすごさは「巻き込み力」**です。ジャイアンは、台風のようにチームを組成して人を巻き込み、プロジェクトを推し進めていきます。ここでいうプロジェクトとは、遊びかもしれませんし、ジャイアンリサイタルかもしれませんし、冒険かもしれません。いずれにしても、ドラえもんの世界はジャイアンがいるからこそ面白いのです。

その意味で丹下さんは「ＩＴ業界のジャイアン」だと私は思っていますし、非常に緻密にものを考えられる優れた経営者として尊敬しています。

◎ＳＨＩＦＴが目指す業界の構造改革

私がＳＨＩＦＴの成長を信じているのは、丹下さんが**業界の構造改革を志している**からです。

ＩＴ業界に根強い**「中抜き構造」**があることは、皆さんもよくご存じでしょう。元請けの会社に下請けの会社がたくさん連なっており、中には業務を下請けにパスするだけで利益を持っていく会社もあります。丹下さんはその構造に疑問を抱き、中抜きをやめるべきだと考えているのです。

彼は、**日本の問題は生産性が低く、そのために給料が低いこと**だと言います。給料が低ければ自分がやっている仕事に対する意義を感じにくく、結果的に仕事に魅力を感じられず、会社に対するロイヤリティも低くなり、競争力も下がるという悪循環が生じます。

この状況を変えるには、生産性を向上させて給料を上げなければなりません。ＳＨＩＦＴがＤＸ（デジタルトランスフォーメーション）化を推進する役割を担い、お客様企業の生産性向上と給料アップを実現できれば、根っこから日本の競争力を高めることにつながると丹下さんは言います。もちろん、そのビジネスを中抜きなしでやることでＩＴ業界で働く人も高い給料をもらえるようになるでしょう。

そのような価値を社会に提供し構造改革を進めるためにも、ＳＨＩＦＴは大きく成長しなければならず、だから従業員の給料もどんどん上げていこうというのが彼の考えです。

丹下さんが構造改革をやり遂げられれば、お客様企業はより適正な価格で発注できるようになりますし、一方で**ＳＨＩＦＴの収益力はより高まる**でしょう。

◎大谷翔平、藤井聡太の「経営者版」に投資する

30代以下の若手起業家については、近年、**成功している人のイメージがだいぶ変わってきた**と感じます。野球の世界でいえば、ひと昔前の「成功した起業家」は清原和博さんのイメージでしたが、今の若手で成功している人は大谷翔平さんのような雰囲気です。さわやかで謙虚で真面目で、成功したからといって豪遊したりもしません。

もちろん私は彼らのすべてを知っているわけではありませんから、裏の裏の裏の顔がどうかということはわかりませんが、それは誰しも同じです。少なくとも「表面上、きちん

としている」というだけでも重要なことなのです。

大谷翔平さんや藤井聡太さんに代表される新しい世代では、非常に優秀な若手起業家が続々と誕生しており、私は彼らのような**若い才能に傾斜して投資**していきたいという気持ちを強く持っています。

皆さんも、もし大谷翔平さんや藤井聡太さんのような存在の経営者がいたら、その会社の株を買いたいと思うのではないでしょうか。

◎若者の価値観に合った評価システムで人材を集めるＭ＆Ａ総研

30代の起業家の中でも今、私が注目しているのが、Ｍ＆Ａ総研の佐上さんです。

彼が創業したＭ＆Ａ総合研究所は２０１８年設立の非常に若い会社ですが、２０２２年に東証グロース市場に上場し、翌年には東証プライム市場に市場変更しており、**時価総額はすでに２０００億円**を超えています。

Ｍ＆Ａ総研はＭ＆Ａの仲介を手掛ける会社です。そのすごさは、**日本でトップクラスの20代の人材**を集めているところにあります。Ｍ＆Ａ総研では**１億円の年収をもらう社員が何人もいる**のですが、これほど人手不足が顕著で採用が難しい時代にあって若手の優秀な人材が吸い寄せられるように集まるのは、年収額だけが理由ではありません。

同社の強みを知るカギは、今の20代の価値観にあります。基本的にお金だけで動くことがなく、「意味のあることをしたい」「合理的なことをしたい」と考えるのが20代の傾向です。

この点、M&A総研では**「どうすれば給料が増えるか」の要件が明確化**されています。シニア世代はどうしても「頑張れば報われるものだ」などと言ってしまいがちなものですが、同社では何件のアポを取り、そこからどのくらいの打率で成約するか、M&Aを実施した企業からの評価がどれくらいだったか等の条件によって計算式が決まっており、そのとおりに給料が決まるのです。

さらにすばらしいのは、**成功した社員がノウハウを社内に開示すればするほど給料が高くなる仕組みを導入**していることです。動画でノウハウを共有したり、成功したポイントを紹介したりすることが評価の対象になっているので、社員が個人プレーに走ることなくノウハウが蓄積されていきますし、その仕組みの中で社員は成長していくことができます。

このように若い世代に納得感のある仕事の場や社内システムをつくり、実際にハイレベルな人材を集めることに成功しているのが同社の強みであり、佐上さんのすごいところです。就職人気ランキングが高く待遇もトップクラスの企業から、社会人１～６年目くらいの人たちが次々に転職してきており、新卒採用も順調です。

佐上さんは30代前半ですから、経営者として今後の伸びしろも大きいと思います。Ｍ＆Ａの仲介という業態についても、日本企業の99％を占める中小企業の多くが後継者不足に悩む中、事業を継続するための選択肢としてこれからＭ＆Ａが増加していく可能性は高く、**事業環境は良好**と言えるでしょう。その上、若者の価値観の変化を的確にとらえ、未曾有の人手不足の中で最高の人材を集めることに成功しているのですから、この先が非常に楽しみです。

◎「10年後のエンタメの覇者」の可能性を持つ20代経営者

20代の経営者でもっとも注目しているＡＮＹＣＯＬＯＲの田角さんは、早稲田大学在学中の２０１７年に21歳で起業し、２０２２年に東証グロース市場に上場しました。彼はエンターテインメント（エンタメ）の未来を見据えるビジョナリーであり、先に紹介した３人の経営者に比べるとアート志向が強いように感じます。

ＡＮＹＣＯＬＯＲはバーチャルなキャラクターを使ってライブ配信や動画投稿等を行う

ＶＴｕｂｅｒグループ「にじさんじ」を運営する会社で、日本でもっとも多くのＶＴｕｂｅｒを集めているのですが、私はＶＴｕｂｅｒは**「テレビ局や大手広告代理店等とのしがらみがない」**のがよいところだと思っています。

２０２３年に旧ジャニーズ事務所の性加害問題が明るみに出ましたが、もともと芸能界で性被害が多発していることは多くの人が耳にしていた話です。不健全な世界の中に一部、輝いて見えるところがあったというのが旧来の芸能界だったと言えます。

そのような古くからの根深い問題が発覚する一方、新しいエンタメの形として登場したのがＶＴｕｂｅｒであり、その市場で急成長を遂げているのがＡＮＹＣＯＬＯＲというわけです。

これからデジタル技術を活用したエンタメが増えていくであろうことを考えると、ＶＴｕｂｅｒそのものが今後も成長を続けるかどうかはさておき、私は旧来の芸能事務所や大手広告代理店、テレビ局などとはまったく異なる**健全なエンタメの枠組み**ができていくのではないかと期待しています。そして新しい枠組みができる過程で、田角さんがデジタルにおけるエンタメ業界の覇者になる可能性があると思っています。

ＡＮＹＣＯＬＯＲの第２位の株主としてソニー・ミュージックソリューションズが名を

連ねているのは、同じような期待を持つ人がいるからでしょう。

もちろん、ここで紹介した「4羽ガラス」が全員、10年後に成功しているとは限りません。しかし、彼らのように**未来志向を持ち、成長性のある分野でリーダーシップを発揮し、有言実行でリスクを取ってビジネスに挑む人たち**を中心に未来がつくられていくことについては確信がありますし、「ネクストジャパン」の中核として投資をしていきたいと思っています。

4

「10年後」をつくる企業たち③ テンバーガーズ

◎テーマが豊富な「テンバーガーズ」

ポストＩＰＯ銘柄から10倍株を探すこのグループには、非常に多くの投資テーマがあり、**古い産業から新しい産業まで日本中に投資のチャンスがある**と考えています。投資先の名前を少し挙げるだけでも、富裕層向けの老人ホームを運営する**チャーム・ケア・コーポレーション**（銘柄コード６０６２）、ホスピス型住宅や訪問介護を手掛ける**シーユーシー**（同９１５８）、焼鳥居酒屋を展開する**鳥貴族ホールディングス**（同３１９３）、食品業界のＭ＆Ａで成長する**ヨシムラ・フード・ホールディングス**（同２８８４）など、ユニークな企業が目白押しです。

本書では、非常に極端な２つの会社を紹介したいと思います。

1つは宇宙ビジネス業界のスタートアップとして日本初の上場企業となった**ｉｓｐａｃｅ**（アイスペース、同９３４８）、もう1つは天然水ウォーターサーバー事業などを持つ**プレミアムウォーターホールディングス**（同２５８８）です。

◎ＩＴ長者が宇宙ビジネスに進出する本当の理由

ＩＴ長者と呼ばれる事業家には、宇宙ビジネスに熱心な人がたくさんいます。テスラやスペースＸの創業者として知られる**イーロン・マスク**、アマゾン創業者の**ジェフ・ベゾス**、日本ではホリエモンこと堀江貴文さんのほかソフトバンクグループ創業者の孫正義さん、楽天グループ創業者の三木谷浩史さんなどが宇宙ビジネスに進出しています。

ＩＴ業界で成功した人たちがこぞって宇宙を目指すのは、道楽やロマンではありません。彼らは、宇宙ビジネスが近い将来に大きく成長することを確信しているのです。

スペースＸが運営するＳｔａｒｌｉｎｋ（スターリンク）に代表される衛星通信サービスはすでに提供が始まっていますが、今後は技術の進化により、従来とは桁違いの高速大容量インターネット通信網がグローバルに提供されていくでしょう。そして**宇宙通信サービスの進化がＩＴ業界に次なる成長の機会をもたらす**ことは確定的です。

インターネットは今では社会に欠かせないインフラになっていますが、20年前、その未来を見通していたのはごくひと握りの人たちだけでした。その人たちこそが、世界で名を知られるＩＴ事業家になったわけです。その彼らの頭の中には、**宇宙ビジネスが世界の一大産業になる未来**がクリアに描かれているのだと思います。

日本についていえば、世界が宇宙ビジネスに注目する中、**国家として宇宙に投資**していくという方針が決まっています。おそらく10年後には世界のインターネットが通信衛星を使ったネットワークに置き換わっていると考えられますから、国として宇宙ビジネスを支えていくことは日本の通信技術を守るためにも非常に重要なのです。

「日本が宇宙分野で世界に挑戦できるのか」と疑問に思う人もいるかもしれませんが、私は十分に可能だと思っています。そもそも**日本企業には、自動車で培った世界トップクラスの輸送技術がある**からです。

もちろんロケットを飛ばすとなれば自動車とは異なる技術が必要ですが、物を制御する必要があるという意味では共通するところがあります。ＩＴビジネスの世界ではコンピュータープログラムの組み合わせが勝敗を決め、日本はビッグテックに太刀打ちできませんでしたが、**「物の制御」という面で見れば日本企業も宇宙ビジネスで戦う余地はある**

と思います。

たとえば、「ホリエモンロケット」を開発する**インターステラテクノロジズ**は、小型で低コストなロケットを扱えるのが強みです。「小型ロケット」と聞くと簡単そうだと思うかもしれませんが、大型で高コストなロケットを安定的に打ち上げるのと比べ、小型・低コストのロケットを実現するのはなかなか難しいのです。たとえていえば大型汎用コンピューターとｉＰｈｏｎｅの違いであり、インターステラテクノロジズがつくろうとしているのは「ｉＰｈｏｎｅのようなロケット」です。実はインターステラテクノロジズのすごさは、秋葉原で集められるような部品を使い、低コストでロケットを打ち上げられる技術力にあると言えます。

インターステラテクノロジズは未上場ですが、これから上場する可能性は十分にあります。私は、同社を含む**宇宙関連ベンチャーが今後3年ほどの間に5社くらいは上場**するだろうと考えており、その銘柄群の中からいくつかの銘柄には投資していきたいと思っています。

◎月に荷物を届けようと挑戦するｉｓｐａｃｅ

宇宙ビジネス関連で非常にわかりやすく面白い会社として投資しているのがｉｓｐａｃｅです。

ｉｓｐａｃｅは、お客様から預かる荷物を月面に運ぶことを目指している会社で、わかりやすくいえば**「月にお届けする宅配便業者」**というところでしょうか。

ｉｓｐａｃｅがロケットを打ち上げるわけではなく、他社のロケットを利用してコストを抑えながら月に着陸船を送ろうとしています。２０２３年４月には、イーロン・マスクが打ち上げたスペースＸのロケットに月着陸船を載せて民間企業初となる月面着陸に挑戦しました。着陸船が軌道を離れ、いよいよあと数百メートルで着陸というところまでたどり着きましたが、ぎりぎりのところで失敗に終わっています。しかし失敗したとはいえ着陸直前までに至ったということは、ｉｓｐａｃｅにきわめて高い技術力を持つ人材がいることを証明しています。ｉｓｐａｃｅは、非常に夢のある挑戦をしているのです。

ｉｓｐａｃｅが月に荷物を運ぼうとしているのは、探査機を送って鉱物や水の採取に挑戦するためです。その先に見据えているのは、火星でしょう。**イーロン・マスクは「火星に都市をつくりたい」**と言っていますが、その際に**重要なのが水の確保**です。しかし、火星では水が採取できるかどうか不明です。また、地球から水を持ち出すのは重力が大きいため量を運ぶのが難しいという問題があります。この点、月は重力が小さいので、**月から水を運ぶ**ことができれば問題の解決につながるでしょう。もしｉｓｐａｃｅのサービスが運用にこぎつけ、月の水の在り処がわかれば、火星に水を送り届けられるかもしれません。

ｉｓｐａｃｅの挑戦は、もちろん失敗するかもしれません。しかしもし成功すれば世界に大きく貢献することになることは間違いありませんし、株価は10倍にも20倍にもなるでしょう。このような銘柄を少しでもポートフォリオに組み入れて応援していくこともまた、夢があると思います。

◎実は「水資源の価値」が魅力のプレミアムウォーターホールディングス

プレミアムウォーターホールディングスは、プレミアムウォーターというブランドで天然水のウォーターサーバービジネスを持つ会社です。「テンバーガーズ」のグループで投資していますが、時価総額の基準からするともうすぐ「ネクストジャパン」に入るでしょう。

実は私は、この会社の創業メンバーの1人です。ビジネスについてよく理解しているので、成長性があると判断してしっかりリスクを取って投資をしています。ファンドマネージャーが創業メンバーとして会社を上場させ、その会社にファンドマネージャーとして投資し応援するというのは、非常にめずらしい形かもしれません。

プレミアムウォーターホールディングスの価値は、水の宅配ビジネスそのもの以上に、**水資源を持っている**ことにあります。

同社は山梨県・富士吉田や熊本県・南阿蘇、長野県・北アルプスなどのエリアで全国8カ所の水源を保有しており、現在のところ、その天然水を宅配するシステムによって水を販売した売上高で評価を受けています。

しかし**世界的に水が希少資源になって価値が上がっていく**中、今後は保有する水源そのものの価値が評価されるようになるというのが私の考えです。実際、上場企業の中で質のよい水源を持っているところはあまりありません。

よい水源の希少性は、まだあまり広く理解されていないように思います。メディアなどで「中国人が日本の水源をどんどん買い進めている」という話が流れてくることがありますが、実際に中国人が水源を買っているとすれば、それは日本の質の悪い業者が中国の富裕層をターゲットに価値のない水源を買わせているだけでしょう。というのも水源というのは、どんなに質のよい水が出ているとしても、**その水を採取して運べなければ意味がない**からです。

どのように水源を活かすかを考えると、良質な水源に求められる要件は水の質だけではないことがわかります。

まず水を運ぶためにはパイプラインをつくるかタンクローリーなどに積載するしかありませんが、長いパイプラインをつくろうとすれば莫大な費用がかかります。タンクローリーで運ぶなら、近くに林道が必要です。しかし林道に近い水源は汚染されている可能性も高いという問題があります。水は上から下に流れるので、上流に汚染源があれば価値がなくなります。

つまり水の質がよいことに加え、汚染源が上流になく、林道が近いという条件をクリアしなければ、水源としての価値はないのです。**「お金になる水源はほとんどない」**というのが現実であるということがわかると、プレミアムウォーターホールディングスがまさに「良質」で水量も十分な水源を持っていることの価値が見えてくるのではないでしょうか。

5

「10年後」をつくる企業たち④
グローバルスターズ

◎海外製薬会社の肥満症治療薬は夢の薬？

「グローバルスターズ」のグループでは、「日本にはないびっくり！」を見つけて投資をしていきます。ここではまず、デンマークの医薬品メーカーである**ノボ ノルディスク**と、米製薬大手**イーライリリー**を紹介しましょう。

この2社については、海外株投資をしている人の間では有名になってきていると思いますが、一般にはまだあまり知られていないかもしれません。

ノボ ノルディスクは２０２３年９月に時価総額がＬＶＭＨを抜いて欧州トップになったことがニュースになりました。イーライリリーは世界１１０カ国ほどで医薬品の開発・製造を手掛ける企業で、インシュリンの実用化に世界で初めて成功したことでも有名です。

この2社に共通するのは、**肥満症治療薬をつくっている**ことです。肥満症治療薬はもともとは糖尿病の進行を遅らせるために開発されたもので、ＧＬＰ－１（ジーエルピーワン）と呼ばれています。服用すると痩せる高い効果があることがわかり、**欧米で2社の肥満症治療薬は社会現象になるほど爆発的に売れている**のです。もとの体重等にもよりますが、おおむね５～20％、体重を減少させると言われています。ノボ ノルディスクの「ウゴービ」は２０２４年２月に日本でも発売開始予定です。

ＧＬＰ－１には主に２つの機能があります。１つは代謝をよくする機能で、もう１つは食欲を減退させる機能です。口寂しい感じがなくなることからのべつまくなしにスナックを食べる人が減り、アメリカではスナック会社の株価が下がっています。またＧＬＰ－１は血糖値を下げるだけでなく、脳や心臓の血流をよくしたり、肝臓機能を強化したりという効果もあり、「夢の薬」とでも呼びたくなるほどです。

ちなみに、私がＧＬＰ－１の存在を知ったのは今から2年ほど前のことです。たいへんなグルメでよくミシュラン星付きのレストランに通っている女性の知人がいるのですが、毎日のようにフルコースを食べているのに、いっこうに太る様子がないのです。不思議に思って「どうやって体型を維持しているんですか」と尋ねたところ、教えてくれたのがイーライリリーのＧＬＰ－１でした。週に1回お腹に皮下注射するのですが、筒状のツールをお腹に当ててボタンを押すだけでよく、少しチクっとする程度です。

私も試してみましたが、残念ながら私の体には合わず2、3回打ったところでやめてしまいました。その後、国内では糖尿病患者さんが薬を入手しにくくなるといった問題も起きていますが、副作用がないタイプも登場しているので、供給が十分になったあかつきにはまた試してみたいと思っているところです。

◎10年後の大衆化に期待

現在、**ＧＬＰ－１を欧米で買いまくっているのは富裕層**です。

これについては、ネガティブな面もあると思っています。ＧＬＰ－１によって、本格的に**「健康をお金で買える時代」**が来たと言えるからです。

もちろん、もともと貧富の差によって食生活から受けられる医療まで格差はあり、「健康をお金で買える」という面はありました。しかしＧＬＰ－１の登場によって、よりわかりやすく「お金を払えば体重を減らして病気のリスクを下げられる」ことになったわけです。

従来アメリカでは、収入が低い人ほど太っており、高収入の人ほど痩せている傾向があると言われていました。低収入だと糖分を多く含む飲料などでカロリーを取りがちになりますが、高収入の人たちは食事に気を配りフィットネスに勤しむケースが多く、お金持ちほど無糖飲料を好むようにもなってきているのです。ちなみに今、アメリカの富裕層の間では抹茶が大ブームで、コーヒーもブラックで飲む人が増えているといいます。

ＧＬＰ－１によってこのような格差に拍車がかかると、**富の格差が命の格差に直結**することにもなるでしょう。二極化がより深まることが、アメリカ社会とインフレ経済のネガティブな面であることは間違いありません。**夢の薬は、社会矛盾もはらんでいる**のです。

私自身は、今はお金持ちのものであるＧＬＰ－１の大衆化に期待しています。5～10年後により安く買える薬が出れば、低収入の人も夢の薬の恩恵を受け、**ネガティブな連鎖を断ち切る**ことができるかもしれません。

◎エネルギートランジションで伸びるウラン採掘大手カメコ

もう1銘柄は、カナダのウラン採掘大手**カメコ**です。

先に述べたとおり、これから**生成ＡＩが普及すると莫大な電力が必要**になります。私たちは、それをカバーする方法を考えなければなりません。

私はいずれ**核融合が次世代の発電を担う**と期待しており、個人的には核融合ベンチャーの**Helical Fusion**（ヘリカルフュージョン）という日本のスタートアップに投資して応援もしています。しかし核融合が実用化するには、あと20〜30年はかかるのではないかと思います。それまでの間、いわゆる**エネルギートランジションをどう乗り切るか**が問題です。

現在のエネルギー問題が難しいのは、「完全」なものはないからです。

もちろん、太陽光発電や風力発電などの自然エネルギーを増やしていくことになりますが、太陽光発電にはパネルを設置する莫大なスペースが必要ですし、風力は風が吹かなければ発電できません。水力発電には、大規模な自然破壊を伴うという問題があります。石炭、石油は莫大なCO_2を排出しますし、天然ガスも比較的クリーンだとはいえCO_2排出問題はつきまといます。そして原子力発電は、放射性廃棄物が出るという重い問題があります。

いずれにしても、どれかを選択するしかありません。論理的に考えれば、どれか1つに依存することなく、バランスよく利用していくということになるでしょう。日本で原子力発電所の再稼働が進むかどうかはさておき、世界に目を向ければ、原子力発電所は1つの選択肢になります。

また、現在は小型モジュール炉（ＳＭＲ、Small Modular Reactor）と呼ばれる小型原子炉の開発も進んでいます。これは「原子力発電のイノベーション」とも言われ、建設コストを抑えながら比較的安全に運用することが可能です。あの**ビル・ゲイツもＳＭＲに投資**しており、今後は世界中でさらなる開発が進むでしょう。

そして原子力発電所にしても小型モジュール炉にしても、燃料としてウランの確保は重要です。世界の電力需要から考えれば、これからウランの需要が高まることは間違いありません。しかし**ウランは採掘できる場所が非常に限られている**という問題があります。たとえばニジェールでは採掘できるのですが、採掘権を得ようとしても正面からの交渉はあまり役に立たないという状況です。そこで先進国が頼らざるを得ないのが、一定のウラン埋蔵量を持つカナダということになります。

ここから10年を見据えるなら、カメコが長期的に企業価値を上げていくことは間違いないと思います。

6

10年後の「日本の未来」、私はこう考える

◎ 変わりゆく世界の未来を読むカギ

ここまでは、10年後の未来に向けて変化していく世の中を覗いてみるため、私が「よりよい未来に向けて社会を牽引していく」と考える象徴的な企業をいくつか紹介してきました。

ここからは、私自身がファンドマネージャーとして、また運用会社の経営者として10年後の未来をどう考えているのか、その輪郭について触れておきたいと思います。

今、世界を見渡してみて感じるのは、**東西冷戦後のグローバリゼーションが転機**を迎えつつあるということです。日本やアメリカなどの先進国が人件費の安い中国や東南アジアなどの新興国でコストを抑えて製品をつくり、それを先進国が消費するというのがかつて

の構図でしたが、**かつて生産拠点と見られていた国々はいまや巨大な消費地**となっています。さらに製造業の視点を離れてデジタル市場に目を向ければ、新興国こそ「日本が学ぶべき相手」「対等に組むべき相手」になっていくかもしれません。

一方で、世界では各国が自国経済を優遇する**保護主義に傾斜**しつつあります。日本の立場からいえばこれまでは日米同盟を重視するのが当たり前であり、中韓との対立を前提に物事が語られることも多かったと思いますが、今後は単純に「どちら側につくか」という議論が成り立たず、**二項対立でない枠組み**を考えていくことがより重要になっていくでしょう。

近年はあらゆる場面で「ダイバーシティ&インクルージョン」が謳われるようになっていますが、倫理的・道徳的な側面以上に、**より現実的な課題解決の観点から多様性や包摂性の重要度が高まる**のではないかと思います。

◎インフレが労働者を立ち上がらせる

日本では、社会の前提が大きく変わっていくだろうと考えています。

働き方についていえば、ここからの10年で賃金の扱われ方が変わるのではないかと思います。インフレ時代を知らない人にはピンと来ないかもしれませんが、かつては物価上昇の負担を吸収できるよう、労働組合は一律に基本給を上げる「ベースアップ」や定期昇給を目指して企業と交渉していました。しかしデフレ下では給料を維持するだけで賃金の価値を保つことができたため、この30年、労働組合は賃上げのために頑張る必要がなかったと言えるでしょう。

ここでインフレに転換することで何が起きるのかというと、**「実質的な賃下げ」**です。最近、経営者と話す中で話題になるのが「これからは**給料に差をつけることが経営の選択肢**になる」という話です。

優秀な人材、手放したくない人材にはインフレを上回る給料の引き上げを行う一方、評価が低い人材は給料を据え置くだけで、労働基準法を遵守しながら実質的な賃下げをすることが可能になります。

もちろん労働者側は黙ってはいないでしょう。「団体交渉をしっかり行い、賃金交渉すべきだ」という声が高まるはずです。欧米ではよく見られる**ストライキが日本でも起きる**可能性はかなり高いのではないかと思いますし、政治面でいえば本来の意味での労働党のような政党が出現することも考えられそうです。

◎働き方が多様化し、企業から個人が自由になる

一方、労働市場を俯瞰して見れば、終身雇用が終わりに近づいていることは明らかです。かつての日本は製造業中心でしたから、よい工場と機械を揃えれば、働く人の労働時間を管理するだけで付加価値を生むことができました。しかしビジネスのサービス化が進む中、企業が働く人を定年まで雇い続け、年金を含めて生涯面倒を見るという仕組みはもう維持できません。

この状況から必然的に起こる変化は、雇用の流動性の高まりと、労働時間以外での労働者の評価・管理手法の洗練化でしょう。**転職がこれまで以上に当たり前**になり、ジョブ型のような働き方やそれに見合った評価手法が導入され、兼職や副業も一般的になっていくのではないかと思います。

働き方の選択肢が増えることは、労働者が企業から自由になり、一人ひとりが意思を持って働き方を選べる社会が近づくことを意味します。また、現在アメリカではＨＲ（人材）領域のテクノロジーが急速に発展しつつありますが、今後は**日本でもＨＲテックの進化**が進み、労働市場における個人の評価のあり方も変わっていくでしょう。評価軸が多様

化すれば、個人は今よりも自分の強みや好み、個性などを活かして仕事をしやすくなるだろうと思います。

また、過去10年ほどはデジタル化の進展で起業のハードルが下がり続けてきましたが、働き方の多様化も相まって、今後は**起業も特別な選択肢ではなくなる**でしょう。副業として起業する人も増えていくはずです。

◎求められる「ファイナンシャル・インクルージョン」

労働者が立ち上がるという話と、働き方が多様化し選択肢が増えるという話は、もちろんどちらにも厳しさがあります。

かつて高度経済成長期の製造業中心の日本社会では、工場の設備が新しくなって製品の付加価値が高まれば労働者の給料も上がり、勤め上げれば年金がもらえて老後が安泰という仕組みが機能していました。しかしすでに**「全員が等しく幸せになるモデル」は消え去ろうとしています。**そこで重要性を増すのが「ファイナンシャル・インクルージョン」の考え方ではないかと思っています。

「ファイナンシャル・インクルージョン」というのはあまり馴染みのない言葉だと思いま

すが、日本語に訳すと「金融包摂」となります。我が社では、「投資を通じてゆたかさの循環を生み出すとともに、ファイナンシャル・インクルージョンを通じて、金融サービスの恩恵を全ての人々が享受できる世の中を目指すこと」を経営理念に掲げています。

これまでは、金融サービスの恩恵は一部の富裕層が享受するものだと考えられてきました。先に見たように「投資は富裕層がやるもの」というイメージを多くの人が持っているのは、**金融サービスを提供する側に包摂性の観点が欠けていた**からだということもできるでしょう。

「全員が等しく幸せになるモデル」が崩れ、これからの10年で格差がすさまじく広がっていくという懸念がある中、それを少しでも食い止めるためには、１人でも多くの人が投資の機会を持つことが必要です。

新しいＮＩＳＡは１つの解になりえると思いますが、このような制度をどれほど広く普及・発展させるかも重要です。

◎誰もが多面性を持ち「労働者」「投資者」「起業者」になりうる世界に

ここまでに述べてきた未来予想をポジティブなものにするためには、私は一人ひとりのマインドの変化も必要だろうと思っています。そのために私が提案したいのは、**「投資者」という言葉を使う**ことです。

私たちは働く人のことを「労働者」と呼び、「労働家」とは言いません。商品やサービスを購入する人のことは「消費者」と呼び、「消費家」とは言いません。一方、投資をする人のことは「投資家」と呼び、「投資者」とは言いません。また、起業する人のことは「起業家」と呼び、「起業者」とは言いません。

このように並べてみると、「○○家」という呼び方には、〝普通の人ではない〟というニュアンスが宿っているように思います。

多くの人は、「投資家や起業家などと呼ばれるのは、自分とは違う種類の人だ」というイメージを持っているのではないでしょうか。一方で「○○者」には、すべての人がなりうるものというニュアンスがあります。

しかし本来、誰もが「働く人」「消費する人」としての側面を持ちうるように、「投資する人」や「起業する人」の側面を持つこともできるのです。そしてここまでに私が予想した未来においては、皆さん一人ひとりが「投資する人」や「起業する人」として社会に関与していくという選択肢が当たり前に提示されるようになるでしょう。

そのような多面性を持つことができれば、個人のレジリエンス（困難な局面を乗り越えて回復する力）を高めることにもつながります。

労働や消費と同様、投資や起業がまったく特別なことではなく、皆さん自身がその当事者であるということを自然に受け入れていくこと、一人ひとりが「労働者」「消費者」「投資者」「起業者」といった多面性を持つことが、社会全体を強くし、未来を明るくするのだと私は考えています。

第5章

10年後を「みんなで」考える理由

1

10年後のあるべき姿を みんなで考える「目論見倶楽部」

◎「みんなが参加できる勉強会」で予想の精度を上げる

前章までに、これからは超長期目線で「10年先」を見て投資をしていくこと、具体的に現時点でどのような銘柄に投資しているか等をご説明してきました。

今後アクティブファンドとして運用力を高めていくには、**「10年後の未来」をいかにクリアに描き出せるか**がカギになるでしょう。そこで私が立ち上げたのが、10年後の未来を考える「ひふみ目論見倶楽部」です。

「目論む」と漢字で書かれているのを見るとちょっと仰々しい感じもありますが、何かを「目論む」ということが人の営みを生み、この世の中を前進させていくわけですから、私はとてもいい言葉だと思っています。

これまで運用や調査というものは、私や運用チームが独占して行ってきました。皆さんも、「運用や調査というのは専門的な訓練を受けた人がする特別な仕事だ」というイメージを持っているのではないかと思いますし、資産運用会社に高い専門性を持つアナリストやファンドマネージャーの存在は欠かせません。

しかし私は、**これからの運用や調査の仕事について、運用会社の専門職の人だけが独占する必要はない**と思っています。「10年後の未来」を見据えて投資をするとなれば、極論すると、それは「今生きているすべての人類」にとって重大な関心事であるはずだからです。

もちろん、読者の皆さん一人ひとりも「10年後の未来」を考えることができます。議論するカテゴリーによっては、運用会社の専門職の人間よりもずっとクリアに「10年後」を描ける人がたくさんいるはずです。

ですから「ひふみ目論見倶楽部」は、外部から各分野の専門家を招き、運用チームのメンバーだけでなく全社員が参加します。さらにお客様も交えて、**みんなで議論しながら「10年後にあるべき未来」を考えていこう**と思います。

ちなみに「ひふみ目論見倶楽部」は、ひふみの「ミ」と目論見の「モ」から、愛称は「ミーモ」としています。

ミーモは、未来を切り開くために「みんなが参加できる勉強会」であり、参加者同士が交流するサークルでもあります。私は、このような**社内外の専門家やお客様とも融合した「新しいアクティブ運用のあり方」**を通じ、真のアクティブ運用を実現していくつもりです。

◎3つの大テーマと10の研究テーマ

ミーモでは、さまざまなテーマごとに分科会をつくる予定です。大きく3つの大テーマ、細かくは10のテーマに分けて研究をしていくイメージです。

(1)テクノロジー&サステナビリティ

①グリーン&エネルギー

再生可能エネルギー源（太陽光、風力、水力）の開発、エネルギー消費抑制、カーボンニュートラル、気候変動対策、自然保護、トランジションプラン、原子力、核融合、経済安全保障とエネルギー安全保障、地球温暖化

②スマートインフラ&イノベーション

インフラの効率化、近代化、持続可能性、IoT、AI、ブロックチェーン、5G、量

子コンピューター、半導体技術、次世代通信網、宇宙開発、技術倫理

③省人化&ロボティクス

森林監視、農業効率化、労働力不足解消のためのドローンとロボティクス技術

（２）ソーシャルインパクト&ヘルスケア

④ダイバーシティ&エデュケーション

多様な背景の人々の受け入れ、教育アクセス、ライフロングラーニング、オンライン学習

⑤フード&ウォーターセキュリティ

持続可能な食糧生産、水資源管理、食糧安全性、アグリテック

⑥ヘルスケアイノベーション

テレヘルス、ＡＩ診断、新治療法、遺伝子編集、拡張人体、医療介護、バイオテクノロジー、アンチバイオティック耐性

⑦デジタルコミュニケーション&プライバシー

オンラインコミュニケーション、プライバシー、情報拡散、ＳＮＳの発展とデジタルデバイド問題、個人情報保護

（3）グローバルエコノミー＆地政学

⑧エコノミー＆トレーディング

地域経済、国際貿易、サプライチェーン、地域経済統合、グローバル経済、ビジネスモデル、フィンテック、雇用未来、資本市場の近代化、コーポレートガバナンスの推進

⑨地政学＆セキュリティ

国際政治、地域紛争、国際関係、安全保障、ドローンとAI技術を活用した監視と情報収集、サイバーセキュリティ

⑩人口動態＆高齢化

グローバルサウス問題、少子高齢化、人口爆発、移民と難民の問題

それぞれの分野で専門家を招き、知見を得ながら議論を重ね、「あるべき10年後」をよりクリアに描き、それを更新し続けていくつもりです。

◎投資の世界で実現する「ファンマーケティング」

ミーモではお客様が参加できるイベント等を開催していく予定です。この本を読んでく

だっている読者の皆さんにも、少しでも関心があれば、オンライン配信するイベント等を覗くだけでもしてみてもらいたいと思っています。

もちろん、投資信託の魅力の1つは「受け身」でもよいという点にあります。専門的な知識がなくても、余計な時間を割くことなく専門家の腕を借りられるのが、投資信託の本来のあり方です。

しかしお客様の中には、「10年後の未来を選択し、創造する」という点に関心を持って、**「どんな未来が考えられるのか」と具体的に知りたくなる人**もいると思いますし、中には**自分の個別株投資について考えを深める**のに役立てたいといった理由で「機会があればミーモのイベントに参加したい」という人もいるのではないかと思います。

そのような方たちを巻き込んで、「みんなで10年後を考える」ことができれば、アクティブファンドの新しいあり方を提示できるのではないかとワクワクしています。

ちなみに、第1章で「ファンマーケティング」の考え方に触れましたが、ひふみを保有しながら「1年に1回くらいはミーモなどのイベントに足を運んでもいいかな」というお客様が増えれば、それは私たちにとって大切な「ファン」ということになります。

以前、アウトドア用品メーカー・スノーピーク社長の山井太さんから、「ひふみはコミュニティファンドですね」と言っていただいたことがあります。私は山井さんの言葉を聞いたとき、「お客様がひふみを保有することで、クラブのメンバーになったかのような一体感を持てる」「ひふみを提供する私たちとお客様とが、相互に強いつながりを感じられる」というイメージを持ちました。

今、私は「ひふみ」のファンドマネージャーとして、ミーモがコミュニティファンドとしての「ひふみ」のあり方を改めて定義するものになるのではないかとも考えています。

◎目指すのはもちろん運用リターンの向上

もちろん、ミーモの直接の目的は「長期的な運用リターンの向上」です。ですからここでご説明した活動は、**すべて最終的に運用に反映**していきます。「10年後の予測」は、今後常にアップデートしていくことになります。

なお、「10年後の未来を創造する投資」だからといって、**「買ったら10年保有し続ける」というわけではありません。**運用ですから、投資した企業の株価変動に伴って適切な売買は機動的に行います。ただし、それを運用の付加価値の中心とは考えていません。

ミーモの活動が運用にどのように反映されているのかを皆さんにお伝えしていくため、

私たちがどのように「10年後の未来」を考えてどのような銘柄に投資しているのか、これからは今まで以上に具体的に情報開示する予定です。金融庁もよりわかりやすい開示を求めていますし、相場操縦を行ったりする意思が私たちにない以上、そして私たちが短期目線に立たないと決めた以上、**長期の目線で企業と対話してそこで交わされた話を開示する**ことが求められていくと思っています。

実際、スパークス・アセット・マネジメントやコモンズ投信など、他社でも詳細な開示を行っているケースはあります。先端事例を学びながら、それを超える開示をしていきたいと考えています。

2
「ウェルビーイング」から投資を考える

◎ウェルビーイングは成長戦略

近年は「ウェルビーイング」という言葉がさまざまな場面で取り上げられるようになりました。ウェルビーイングとは being well（well な状態であること）、つまり「心身ともによい状態を目指す」という考え方です。もう少し言葉を加えるなら、**「心身ともによい状態にあり、主観的幸福感を感じられていること」**と表現してもいいかもしれません。

新しい概念なのでピンと来ないという人は、英語の“How are you?（あなたはどんな状態ですか？）”というあいさつをイメージするとよいかもしれません。聞かれた人は“I'm fine.（元気です）”と答えたり、“Not so bad.（まあまあかな）”と答えたりします。日本でも、「調子どう？」「その後お変わりありませんか？」などと相手の状態を尋ねることは日々行われているでしょう。

人間は、洋の東西を問わずbeingを確認し合う生き物であり、ウェルビーイングが重要だというのはごく当たり前の話なのだと思います。

では、それが近年になって急に注目されるようになったのは、どうしてなのでしょうか。

私は、そもそも「ウェルビーイングこそ重要だ」ということが忘れられてしまっていたからではないかと思います。

企業の経営にしても行政にしても、本来、追求すべきは「ウェルビーイングな状態」であるはずですが、これまでウェルビーイングという視点はあまり語られてきませんでした。いつも論点になるのは「儲かるのか」「効率がいいのか」といったことばかりで、「それは、人が『よい状態』でいることにつながるのか」「人の主観的な幸福感とはどのようにすれば得られるのか」と考える視点はすっぽり抜け落ちていたのです。

しかし現在は、ウェルビーイングの重要性についての認識が着実に広まりつつあります。これからの企業経営は、「お客様をはじめとしたステークホルダーにとってのウェルビーイング」を深く考えることが要求されるようになるでしょう。そしてウェルビーイングについて深く考え、**「自分たちが考えるウェルビーイングとは何か」を提示できる会社**

は高く評価され、大きく成長するでしょう。

ウェルビーイングに注目することは道徳や倫理の話ではなく、**力強い成長戦略**なのです。

◎「株式市場への参加におけるウェルビーイング」を考える

会社の経営にしても投資にしても、人生のすべての面において**ウェルビーイングを抜きにして幸福を語ることはできない**でしょう。

しかし、たとえば経済学は根本的にはいかに経済を発展させるかという問題に取り組んできたわけですが、「経済を発展させることが人間の主観的幸福感をどう高めるのか」という点については研究が浅かったように思います。これはおそらく、「経済が発展して豊かになればみんなが幸せになれるだろう」といったぼんやりとしたイメージだけで片づけられてしまっていたためでしょう。

経済に限らずあらゆる問題において、従来は「その問題の主観的幸福感との関係性はどうなのか」という大事な点がほとんど考えられてきませんでした。たとえばアメリカの株式市場で時価総額が伸びていっても、アメリカ国民全体の主観的幸福感は上がっていません。それが「富の偏在が悪だ」という話につながり、分断を招くことにもなっているのだと思います。しかし、そもそも時価総額が上がることと国民全体の主観的幸福感を直接結びつけ、**「時価総額が上がることそのものが悪だ」と考えるのは乱暴な話**でしょう。私は、本当に必要なのは「株式市場への参加におけるウェルビーイングとは何か」を考えることではないかと思います。

◎リターンを上げさえすれば、幸せな人を増やせるか

私が近年ずっと考えてきたのは、主観的幸福感を得るために金銭的な豊かさはどのくらい貢献できるのかということです。これは、「株式投資で儲けられれば人は幸せになれるのか」という問いでもありますし、「ファンドマネージャーとして、リターンを上げさえすればよいのか」という自分への問いかけでもあります。

もちろん、ファンドマネージャーとして私がもっとも注力すべきは、お客様により高いリターンをお返しできるよう全力を尽くすことです。また、人生においてお金が大事なのも間違いありません。安全で快適な生活を送るためには衣食住をまかなえるだけのお金が必要であり、「お金で真の幸せは測れない」などと言われても、「それはきれいごとだ」と感じる人が多いでしょう。

しかし**「お金をたくさん持っていれば幸福感を得られる」というほど、人間が単純ではない**のも確かなのです。

内閣府が「我が国の経済社会の構造を人々の満足度（Well-being）の観点から多面的に把握し、政策運営に活かしていくこと」を目的に実施している「満足度・生活の質に関する調査」では、現在の生活にどの程度満足しているかについて「全く満足していない」を０点、「非常に満足している」を10点として11段階で満足の度合を質問しています。

２０１９年の調査結果では世帯年収別の総合主観満足度が示されているのですが、データからは、年収が上がるほど満足度が上がるわけではないことがわかります。世帯年収が「２０００万円〜３０００万円」までは年収の上昇に応じて総合主観満足度が高まっていくのですが、ここで頭打ちとなり、それ以上の年収では満足度がかえって右肩下がりになっているのです（図５−１）。**世帯年収「１億円以上」の人たちの満足度が「７００万円以上１０００万円未満」の人たちよりも低い**というのは、興味深い話です。

◎ウェルビーイングを構成する「PERMA」

お金がたくさんあるほど幸福になれるわけではないとすると、どうすれば人は「ウェル

図 5-1　世帯年収別の総合主観満足度

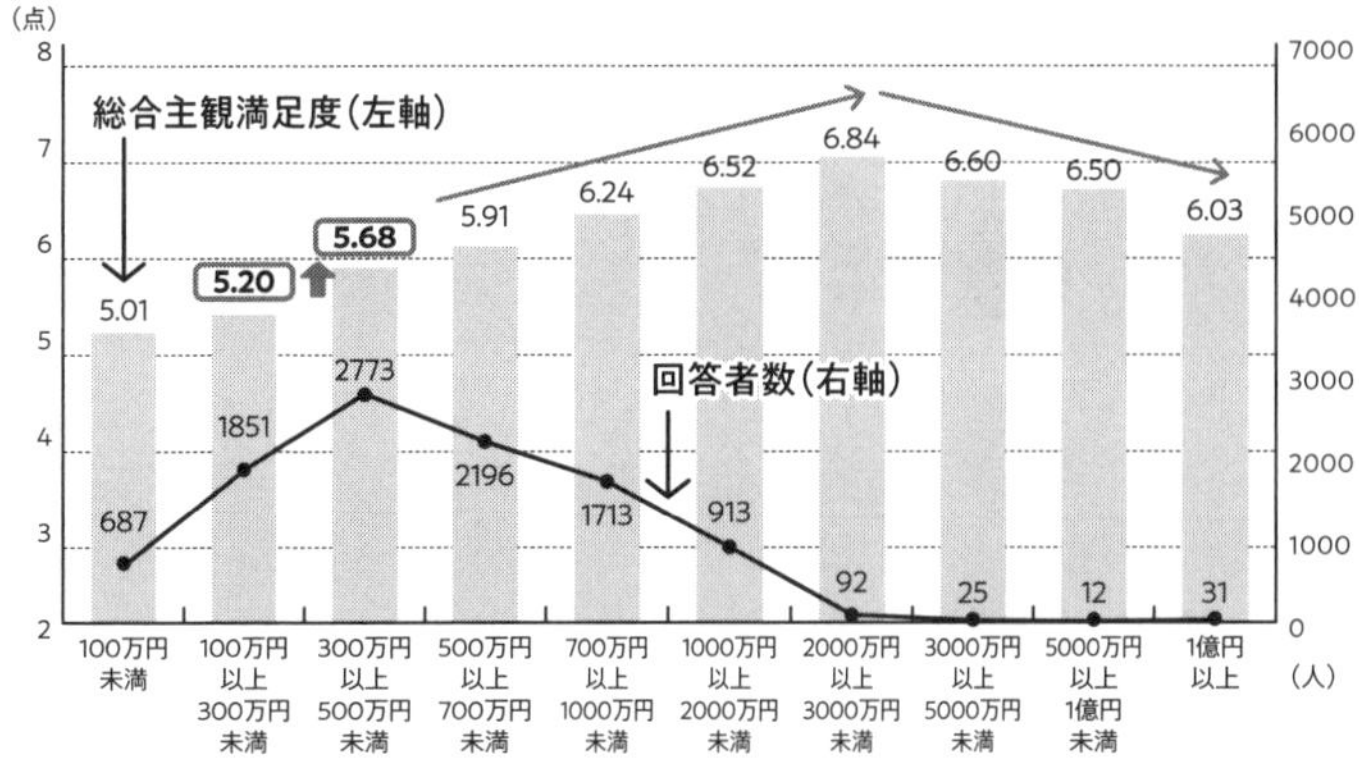

出所：「満足度・生活の質に関する調査」に関する第1次報告書（令和元年5月24日／内閣府政策統括官（経済社会システム担当））

ビーイング」だと感じられるのでしょうか。

　私がウェルビーイングについて学ぶ中でわかったことの1つは、ウェルビーイングについては社会学、心理学、経済学、人類学、生物学など、**さまざまな分野の学問を総動員**して考えなければならないということです。

　もう1つは、先ほどご紹介した内閣府の調査とも符合するのですが、「wealth（富）」はウェルビーイングの中心的な要素ではないということです。「幸福の条件」を考えるとまっさきに「wealth（富）」と「health（健康）」が思い浮かびそうですが、研究によればこれらはいずれも副次的なものとさ

図 5-2 Well-beingを構成するPERMA(パーマ)

- **P** **Positive emotion**
  (ワクワクするようなポジティブな感情がある)
- **E** **Engagement**
  (夢中になり、積極的にかかわっている)
- **R** **Relationship**
  (他者とよい関係性を築いている)
- **M** **Meaning**
  (なぜやっているのか、意味を感じられる)
- **A** **Achievement**
  (達成感を持てる)

れています。

私が「これこそ**ウェルビーイングを構成する要素**ではないか」と思ったのは、ポジティブ心理学で著名な心理学者のマーティン・セリグマンが論じている「PERMA(パーマ)」です(図5-2)。

PERMAの「P」はPositive emotion、「E」はEngagement、「R」はRelationship、「M」はMeaning、「A」はAchievementの頭文字です。

・ワクワクしたり楽しかったりするようなポジティブな感情があること(Positive emotion)

・没頭したりいい意味でのめり込むことができるものがあるなど、物事に積極的に

かかわっていること（Engagement）
・他者とよい関係性を築いていること（Relationship）
・自分の人生に意味を感じられること（Meaning）
・達成感を持てること（Achievement）

……という5つの要素が揃っているとき、人は「ウェルビーイングだ」と感じるというのがセリグマンの考えです。

◎「ポジティブ・インベストメント」を広めていく

ＰＥＲＭＡの視点で考えると「株式市場への参加におけるウェルビーイング」「投資によるウェルビーイング」とはどのようなものなのかが見えてきます。

「ワクワクしたり楽しかったりするようなポジティブな感情があること（Positive emotion）」については、「よりよい未来を考え、創造する」ということそのもので得ることができると思います。

「没頭したりいい意味でのめり込むことができるものがあるなど、物事に積極的にかかわっていること（Engagement）」「他者とよい関係性を築いていること（Relationship）」

については、たとえば「ひふみ目論見倶楽部」への参加を通じて興味・関心のある分野の知見を深めていったり、イベントに参加して同じように未来を考える仲間同士で交流することが直結しそうです。

「自分の人生に意味を感じられること（Meaning）」は、自分が投資をすることの社会的な意味を感じられることがカギになるでしょう。その意味では、未来をつくるという視点はもちろん、サステナブルな投資であることがより重要性を増すことになりそうです。そして、投資によるリターンを得ることは「達成感を持てること（Achievement）」につながります。

先にも詳しく触れたように、日本ではこれまで「投資は悪」というネガティブなイメージがつきまとってきました。しかし**本来、投資はポジティブなものです。**これから私は投資のポジティブ化を進めていきたいと思っていますし、そのためにも、ＰＥＲＭＡの要素が揃う「ポジティブ・インベストメント」の考え方を包摂したアクティブファンドの提供に力を入れていこうと考えています。

おわりに

今、私は本当にワクワクしています。

本書では私が４つのグループに分けて「10年後の未来」をつくる企業を選択して投資していること、具体的にどのような銘柄に投資しているのか等をご紹介しました。

このような「10年後の未来をつくる投資」に明確にかじを切ったのは２０２３年の秋のことで、運用のアップデートはまだ始まったばかりです。これからも**「これが10年後をつくる企業だ」と確信する出合いや発見はまだまだ続きます**し、ひふみ目論見倶楽部を通じて「10年後」を上書きしていく中、出合いや発見が途切れることはないでしょう。

そのような会社を見つけ、投資を通じて応援し、深くコミュニケーションしながら、ともに明るい未来をつくっていく。そんな日々が、楽しくないはずがありません。

もともと私たちレオスではセクター制をとっておらず、私も運用チームのメンバーもセクターを絞ることなく興味関心のある銘柄を発掘してきました。

今回、本書でいくつかの組み入れ銘柄を紹介しながら改めて思ったのは、これからは業界の融合が進むだろうということです。たとえばアップルは「ハードウエアメーカー」「ソフトウエアメーカー」「小売業」などとひと言で表すことができません。**セクターで区切れないというのは、成長する企業の1つの特徴**なのです。今後、業界団体のもとで既存の枠を出ずビジネスをしている「変化しない昔ながらの企業群」は成長が難しくなる一方で、業界の枠を超えてビジネスを拡大していく**融合型企業が台頭**していくことになるでしょう。

そのとき、ひふみ目論見倶楽部の活動から生まれるリベラルアーツをベースとした切り口が力を発揮することになるのではないかと思います。

運用の改革やひふみ目論見倶楽部の立ち上げなどを、私は社員に向けて「これは『ひふみ魅力化計画』だ」と言っています。しかしこの取り組みの本質は、実は「ひふみの魅力化」という小さな話ではなく、**「日本の魅力化」**だと私は考えています。

日本を魅力化する企業を発見し応援していく。それこそがこれからのアクティブ運用だと思いますし、全力でそのような運用を行っていきたいと思います。

藤野英人

・本書は特定の金融商品の推奨や投資勧誘を意図するものではありません。最終的な投資の判断は、最新の情報を確認し、ご自身の判断と責任で行ってください。

・本書を利用したことによるいかなる損害などについても、筆者・所属する団体および出版社はその責を負いません。

【著者略歴】

藤野英人（ふじの・ひでと）

投資家・ひふみシリーズ最高投資責任者

レオス・キャピタルワークス株式会社　代表取締役会長兼社長 CEO & CIO

1966年富山県生まれ。1990年早稲田大学法学部卒業、野村投資顧問（現:野村アセットマネジメント）入社。1996年よりジャーディン フレミング投信・投資顧問（現:JPモルガン・アセット・マネジメント）、2000年よりゴールドマン・サックス・アセット・マネジメントにてファンドマネジャーを歴任。特に中小型株および成長株の運用経験が長い。2003年独立し、レオス・キャピタルワークス株式会社を創業。投資教育にも注力しており、東京理科大学上席特任教授、叡啓大学客員教授、淑徳大学地域創生学部客員教授も務める。著書に『ゲコノミクス』『おいしいニッポン』（以上、日本経済新聞出版）、『投資家が「お金」よりも大切にしていること 』（星海社新書）、『投資家みたいに生きろ』（ダイヤモンド社）、『プロ投資家の先の先を読む思考法』（クロスメディア・パブリッシング）などがある。

【執筆協力】平塚敦之、八尾尚志、三宅一弘、橋本裕一

【企画・編集協力】千葉はるか

「日経平均10万円」時代が来る！

2024年1月5日　　1版1刷

2024年2月13日　　　4刷

著　者　藤野英人

©Hideto Fujino, 2024

発行者　國分正哉

発　行　株式会社日経BP

日本経済新聞出版

発　売　株式会社日経BPマーケティング

〒105-8308　東京都港区虎ノ門4-3-12

印刷・製本　シナノ印刷

ISBN978-4-296-11932-5

Printed in Japan